巴菲特核心投資法

The Warren Buffett Portfolio

Mastering the Power of the Focus Investment Strategy

羅伯特·海格斯壯 Robert G. Hagstrom ◎著
陳人麒◎譯

WILEY
商周出

作者簡介

羅伯特・海格斯壯（Robert G. Hagstrom）

著有《勝券在握》（*The Warren Buffet Way*）和《納斯卡原則：運動事業的成功傳奇》（*NASCAR Way: The Business that Drives the Sport*）目前是蘭格—梅森資產管理公司副總裁兼執行長。

譯者簡介

陳人麒

美國芝加哥大學國際關係碩士，曾任英文中國日報記者、元大證券國際部專員，現任元大投信投研部研究員。

目　錄

con

第二章　現代投資理論大師

第三章　巴菲特學派的超級投資人

ents

ents

〈推薦序〉

巴菲特的投資秘訣

李桐豪

當商周出版寄來《巴菲特核心投資法》的初稿時，我便迫不及待的將此書仔細讀完。任何投資人應該都與我一樣，對於華倫·巴菲特成爲華爾街傳奇人物的秘密感到好奇。這本書確實能充分說明巴菲特的投資秘訣，而投資人如果眞能依循本書所說明的原則投資股票，其長期獲利的能力應該是可以預期的。

《巴菲特核心投資法》是否與現代投資學者所倡導的分散風險投資理論相違背呢？在我看來，這兩種投資哲學並非完全背離，甚至在某些方面它們是一致的。不過，巴菲特的投資觀念也敦促著現代投資理論學者，在投資前提設定上要更反應投資人的心態才是。

首先，巴菲特的「核心投資」概念本身就與分散並且長期持有的現代投資理論一致。尤其，我們若將「核心投資」用於台灣的股市，分散投資個位數字的股票就足以充分分散非系統性的風險。國內投資人與法人機構實在沒有必要作過度分散的投資。

再者，國內學者積極鼓吹降低台灣股市周轉率的投資行爲，也與巴菲特提倡長期持有所投資股票的理念，是相同的。

國內投資人每天在證券號子內殺進殺出，眞能致富的機會其實是不大的。試想，投資人每周進出股市一次，就算能賺取到交易成本，一年下來至少將原先投資的百分之三十送給了財政部與證券業。然而，能找到並長期持有績優公司的股票，不僅收益豐厚且節省了巨額的交易成本，這樣的投資策略才是正確的。

不過，現代投資學者也應該向巴菲特請益。現代投資學的主流將「風險」觀念與標準差（或共變異數）相連結的便宜行事，顯然與華爾街如何對待風險的實務不同。現代投資學者不重視投資人擔憂股票下跌而非上漲的傳統，是我們主流投資學者應該檢討的。儘管區隔股價漲跌對於投資人心理不對稱的影響，將使得投資理論的演導變得更複雜，但是學者仍不應因此就忽略投資人的實務操作習慣。畢竟，投資學應該是一門實用，而非只是學者追求理論完美卻無視市場需求的學問。

投資的理論固然是科學的，但是投資的實務操作卻是一項藝術與紀律。投資人對於買賣股票所依據的資訊，要能系統性整理與判斷，並且依一定的原則進出股市。

此外，不隨人云亦云而有自信的投資股票，也才能長期獲得較佳的收益。《巴菲特核心投資法》一書就清楚說明了如何建立績效評估指標，投資策略原則以及市場心理。這應有助於投資人建立正確的股市操作概念，而活用這些概念的終極，將使投資人成爲股市中的哲學家，投資不僅是爲了獲利，也代表了投資哲學的體現。

股票投資獲利的潛力使得各類尖端科技理論都先後被用到此一市場之中。類神經網路、基因演算、混沌理論與模糊邏輯等，都是華爾街投資者所熟知的高科技工具。本書也爲這些新投資技術提供了部分的入門說明。雖然讀者無法在讀了這些說明後就成爲箇中高手，但至少能了解到股市的複雜性與困難性，並爲未來的投資研究者提供了深入探索的動機。

隨意投資股票的結果是多變的，而建立正確的投資觀念才能避免投資錯誤的損失。熟讀《巴菲特核心投資法》，不僅讓我們了解大師的投資哲學，更爲我們提供學習大師投資方式的機會。本書的淺顯文筆使得社會大眾能夠輕鬆的理解成功投資背後的道理，實在是值得對股市投資有興趣人士閱讀的一本書。

（本文作者為政治大學金融系專任教授）

〈推薦序〉

打球之前，先學會選球

張獻祥

投資有許多勝出的方法，有人從不斷的錯誤中體悟，有人向成功者借鏡。從錯誤中體悟是一條痛苦之路，因爲摸索時間久、要繳的「學費」（投資虧損）很高，但是一旦悟出自己贏的法則，所帶來的果實是甘甜無比的。向成功者借鏡是最能縮短投資勝出之路，但如何有「紀律」的恪遵每一條成功者應該做與絕對不能做的規範，「執行」看起來不難，但要能在當下克服心中的貪婪與恐懼，卻是贏家與輸家的最大分水嶺。

美國投資大師華倫・巴菲特從一九六五年開始掌管柏克夏－哈薩威（Berkshire Hathaway）公司，截至二〇〇六年八月底止每股爲九六、〇〇〇美元，總市值爲一、四八〇億美金，換算台幣爲四・八六兆。巴菲特是全球唯一靠「投資」躋身全球富人排行榜者，二〇〇五年以四〇

○餘億美元財富在《富士比》全球排名第二，師承「價值投資之父」葛拉漢與積極投資的費雪二人，最後形成自己的投資風格，以巴菲特所累計的成就與名聲，足以成爲任何一位想進入股票投資市場的借鏡與楷模。

本書作者羅伯特・海格斯壯（Robert G. Hagstrom）長期追蹤巴菲特的投資內容與方向，在其上一本著作《勝券在握》書中對於巴菲特的投資想法形成、投資邏輯與每一項重大投資有詳盡的描述。而這本《巴菲特核心投資法》更是將巴菲特的投資精髓予以系統化呈現。全書以巴菲特完整而嚴謹的選股邏輯爲貫穿主軸，因爲有這樣的嚴謹選股標準，能列入追蹤觀察的標的就會縮小，進而減少投資者漫無目的的無謂揮棒，如此勝出（擊出安打）的機率就大幅提高。

對於一位已有財經相關訓練的讀者而言，本書是一本內容相當扎實的工具與觀念書，它已不僅僅是如《勝券在握》(如傳記般)的強調觀念面，更實務的導入作法，對有心進入股票市場作戰者，《巴菲特核心投資法》是一本值得推薦放在案頭經常閱讀的書籍。

再一次強調，股市投資沒有一條明確的獲利公式，最後能夠在股市投資之路勝出者，絕對是從自己的投資歷程中悟出且嚴格遵守投資紀律的投資者，要能打出四成的安打率，不是先學會怎麼打球，而是要先學會不要打什麼球。

（本文作者為呂張投資團隊成員）

〈前言〉

智慧型投資

我的上一本書《勝券在握》主要是探討華倫．巴菲特選股時所採用的投資工具或投資策略，讀者可因此學習到巴菲特的作法，自行分析企業的成長潛力，決定投資標的。

上本書的暢銷，證明書中內容對投資人有極大的啓發與助益。銷售量超過六十萬本，發行十二種語言，廣受機構法人和個別投資人的好評，而學術界與企業主管亦相當推崇。直至今日，來自於讀者和媒體的意見都相當正面。換句話說，《勝券在握》一書確實能教導大眾如何有智慧地投資。

《勝券在握》一書的成功證明巴菲特投資哲學的成功。他的聰明才智吸引了上千萬投資人的目光，而他輝煌的投資紀錄，也令專業投資法人爲之著迷，包括我在內。這一切都使得巴菲特成爲現今最受歡迎的投資大師。

《巴菲特核心投資法》是《勝券在握》的姐妹作，而非續集。原本我只想簡單介紹兩個重點：架構與認知，簡單地說，就是投資組合管理與智慧。

如今我體會到，要獲得水平以上的報酬，不只是要選對股票，更重要的是建立投資組合。要成功地建立核心投資組合，必須透澈地理解股價波動以及其對個人行爲的影響，此外還需具備特定的個人氣質。這些因素我都會在本書中詳細說明。

這兩本書是彼此互補：《勝券在握》介紹選股工具，《巴菲特核心投資法》則告訴你如何建立核心投資組合，以及管理投資組合所需的智慧。

自從出版《勝券在握》一書後，我的所有投資都是依據書中的原則。我所管理的蘭格—梅森核心基金（Legg Mason Focus Fund）就是最好的例證。直到現在，結果都非常令人滿意。

過去四年來，除了累積核心投資組合管理的經驗，我還學到不少寶貴的教訓。巴菲特相信，對於數學與機率有基本的認識非常重要，此外投資人還必須了解市場心理。他特別警告，依賴市場預測會有極大的風險。然而，在每一項領域中，他的論述都非常有限。市面上有很多作品分析他如何選股，但是關於機率、心理學和預測的分析就相對地少很多。

但這並不減損他們的重要性，相反地，更激發我填補這些空白的決心。我尋求數學家索普博士的協助，以更了解機率相關理論；蒙哥則幫助我認識誤判心理學，米勒則教導我複合調節系統科學。

本書第一章主要是簡介核心投資法的概念和重要元素。第二章到第五章爲本書的第一大部分，分就學術界和統計學的理論基礎闡明核心投資法，並介紹數位有名核心投資大師的投資經驗。

我們不僅對核心投資法所需的智慧感到興趣，對於核心投資法的行爲理論更是想一探究竟。不幸地是，直到現在，關於核心投資法的歷史性資料及這方面的論述，少之又少，也沒有任何有意義的統計數據。不過即將有新的研究會改變這種情況。

過去兩年來，萊姆迪南（Joan Lamm-Tennant）博士和我針對核心投資法的理論與流程，共同進行一項研究。我們在不同期間，深入觀察三千種投資組合案例，與現今共同基金經理人和機構法人採用的分散投資做深入的比較。研究結果以正式的學術專文發表，題目爲核心投資法：最佳積極型投資組合策略與被動型管理。我們將於第四章敘述此項研究結果。

第六章到第八章是本書的第二大部分，主要討論數學、心理學和複合調節系統科學。也許有人會覺得奇怪，我們爲何要討論這看起來不相關的領域。但我認爲，如果不了解這些原則，就無法眞正建立核心投資組合。

最後，第九章敘述核心投資大師的特徵，並告訴你如何採用核心投資法，建立屬於你自己的投資組合。

第一章 核心投資法

羅伯特，我們只要把重點放在少數的績優公司，我們就是核心投資人。

——華倫·巴菲特

我永遠記得與華倫·巴菲特的那次專訪，他所說的每一句話到現在都還深深印在我的腦海中，主要是因爲這次專訪讓我重新思考觀念性的問題，而且巴菲特對管理投資組合的看法和操作策略，也明顯與目前一般市場的方法不同。他所主張的核心投資法一直被業界忽視，但卻非常重要，而這種投資策略與目前許多資深投資人的操作方法背道而馳。

許久以來，基金經理人被好萊塢影片塑造成相當刻板的形象，好像他們都可以同時接聽兩支電話，然後心神不寧的盯著電腦螢幕，瘋狂地抄寫數字，如果電腦顯示的股價有些微的下跌，就狂敲電腦鍵盤查詢。

巴菲特被公認為是全球最成功的投資大師。不過這位世界最偉大的投資大師給人的印象竟然是「說話溫和」、「腳踏實地」，還帶點「爺爺的味道」。他的投資策略一向發自於其天生的自信和絕對的冷靜，也因此成就了傳奇性的操作績效。他的一舉一動無庸置疑地牽動著整個投資界的目光，所以巴菲特的核心投資法實在值得我們深入探索其意義及操作過程。

核心投資法其實是一個相當簡單的觀念。但就像大部分簡單的概念一樣，它根植於許多繁瑣的原則。我們首先要仔細了解這觀念的內涵，並觀察所有相關的影響層面，就可以發現核心投資策略的深度、本質，和它簡單外表下深沉而穩固的理論基礎。

以新的面向思考投資策略

在本書裡，我們將一步步探索這些相關的概念。到目前為止，我只有簡單提到核心投資這個概念，陸陸續續還會有更深入的探討。本章最重要的目的是要凸顯本書的企圖，那就是提供投資人一個新的面向，思考投資策略及投資組合的操作。

我要先提醒大家，接下來準備要接受的觀念，有可能和目前一般股市投資策略完全相反。打個比方好了，新舊觀念的差距，就如同一般基金經理人在好萊塢影片中給人的刻板印象，與巴菲特個人形象的差距一樣，差了十萬八千里。

核心投資法的原則其實很簡單：選擇長期獲利高於平均水準的績優股，將資金重押在這幾檔股票上，不論短期股市如何震盪，都要長抱不放。

看了上述簡要的說明，我相信你的心裡一定還有一些疑問，例如：

●要如何找尋績優股？
●投資組合中要有多少種股票？
●如何界定持股集中度？
●到底要持股多久，才叫長抱不放？

最後，你可能會問一個問題：

●爲什麼我要如此操作？這對我有什麼好處？

接下來的幾章我將一一回答上述問題，本章只從幾個大家比較熟悉的議題開始，介紹核心投資法的發展過程。

目前所有的投資組合操作其實不外乎兩種投資策略：積極型和指數型。

積極型的投資組合操作就是基金經理人不斷大量買進、賣出市場的主流股票，他們之所以這麼做，主要是爲了滿足投資人錙銖必較短線盈虧的心理。不斷進出股市追逐當紅炸子雞，可使客戶隨時都感覺到基金經理人確實盡責地使操作績效超越市場表現，如此客戶才有興趣繼續投資。

目前的兩種主流投資組合

爲「保持績效領先」，基金經理人不僅要預估未來半年的股市走向，還要不停地變動投資組合中的持股內容，以期從中牟利。一般而言，採用此種操作方式的股票型共同基金，持股種類常超過一百種股票，周轉率則超過八〇%。

指數型的投資組合屬於「買進即持有」的被動投資組合策略。操作方式是大舉買進所有指數成分概念股（如標準普爾五〇〇股價指數概念股（S&P 五〇〇）），藉此分散風險，並與指數齊漲齊跌，不用擔心被大盤打敗。

與積極型投資策略相比，指數型投資策略是一種比較新興但較不普遍的方法。不過自從一九八〇年起，指數型基金的投資組合方法逐漸風行後，這兩種投資組合策略的擁護者便不斷地在爭論，到底哪一種策略會獲取較多的利潤。積極型的基金經理人雖然聲稱自己絕佳的選股技術必能勝過指數型操盤人，但是近幾年的獲利紀錄似乎顯示指數型投資組合占上風。

一份從一九七七年到一九九七年間追蹤股票市場表現的研究報告指出，採用積極型投資組合的共同基金績效雖然曾經打敗標準普爾五〇〇指數，但獲利率卻每況愈下，報酬率從早期的五〇％，到近四年來低於二五％。到一九九七年以後情況更糟，因爲至一九九八年的十二月爲止，九〇％的積極型投資組合獲利率均大不如預期（同期標準普爾五〇〇指數漲幅約一五％），換句話說，只有一〇％的積極型投資組合表現尚可。

積極型投資組合在現今環境下，報酬率很難打敗標準普爾五〇〇指數，原因就在於他們每年都瘋狂的進出上百種股票。其實基金經理人的操作手法多少代表了整體市場的走向。這些經理人通常只買那些可望在短期內獲利三倍的股票，卻沒有深入了解這些投資標的的營運情形。這種方法的最大缺點在於每次的預估不見得都神準無誤（詳見第八章敘述），快速地殺進砍出導致成本增加，累積的交易成本將侵蝕可能的獲利空間。

指數型的投資組合在許多方面皆勝過積極型的投資組合，例如這種投資策略不會貿然地進出股市，比較能控制交易成本。但即使以指數型投資組合的最佳績效來看，也不過和整體市場表現打平而已。也就是說指數型基金經理人的操作績效雖然不比市場差，但也好不了多少。

對於投資人來說，上述兩種投資組合的最大好處是：透過分散投資可以降低風險。分散投資是指廣泛持有多家不同企業的股票，或各種不同類股的股票，相對於貿然將資金全部投入單一個股，這種作法可以提供較多保障，避免誤觸地雷股，而使投資付之一炬。

以分散投資的方法操作股票，在一定時間範圍內，部分股票的股價可能會下跌，其餘的則可能上揚。幸運的話，部分股票股價上揚的獲利可以彌補其他下跌的損失。當市況不錯時，積極型基金經理人相信，只要增加股票種類，報酬率就會大幅提升。也就是說，買十檔股票會勝過只買單一個股，而買一百檔股票會比買十檔股票好。

指數通常是由許多不同的股票所組成，指數型基金理論上也反映出指數的精神，經理人的操作方法就是廣泛持有指數成份概念股。傳統的股票型共同基金每天可能要進出上百檔股票，事實上，這都是以持股多樣化來分散投資風險的作法。

一直以來我們都知道要用分散且多樣的方法來投資，也麻木地接受這種方法帶給我們平凡無奇的結果。雖然不論是積極型或是指數型投資都是依循分散投資的原則來操作，但他們均無法提供更高的報酬。聰明的投資人不禁要問：我們眞的要繼續接受這種與市場平均獲利持平的報酬嗎？或者，我們有什麼其他辦法賺取更高的投資報酬呢？

巴菲特提供第三種選擇

對於長久以來市場上積極型與指數型的兩種操作方式，巴菲特的看法如何？我想如果一定要他選擇的話，他會毫不猶豫地選擇指數型操作方法。因爲站在投資人的立場來考量，投資人通常對企業的營運狀況了解不深，但是他們又希望能從股票投資中長期獲利，而且投資風險最好能愈低愈好，指數型操作法正好符合這些要求。巴菲特以他獨特的聲調說：「以一個門外漢的投資人來說，想要勝過專家操作的獲利，可以用定期定額的方式投資指數型的投資組合。」

然而巴菲特鄭重提出第三種選擇，不僅有別於積極型投資概念，獲利甚至會超越指數型投資。這種新的投資策略，我們稱之爲「核心投資法」（focus investing）。

巴菲特多年來發展出一套投資方法，那就是如何將資金投注於表現優異企業的股票。如果企業營運狀況良好同時經營者又有智慧，這家企業的股價就會直接反映營收的表現。所以巴菲特不只參考股價走勢，他還會用心追蹤企業營運狀況，同時評估該企業管理者的實力和企圖心。

實際上評量各大企業的價値並不是件容易的事，畢竟要蒐集分析種種相關的營運資料就相當耗時費事。然而巴菲特認爲這份評估工作雖然吃力，但比起花時間想其他旁門左道的心思，還算是少的，而且終生受益無窮。

巴菲特採用的評估過程是先檢視他的投資原則，再檢查投資標的的條件是否與投資原則相符。我在上一本書《勝券在握》中已詳載所有的投資原則，但我還是在此簡單條列所有的投資原則供大家參考。我們可以將這些投資原則看作是檢視投資標的重要工具表，每一項原則都是一個獨立分析的工具，把所有工具分析結果統合起來，就可以找出哪家公司最有可能具有不錯的營運表現。

華倫．巴菲特的選股原則：

一、產業原則

- 這家公司業務是否單純易於理解？
- 這家公司是否有持續的營運紀錄？
- 這家公司是否有長期發展的潛力？

二、經營原則

- 經營者的經營理念是否合理？
- 經營者對股東是否坦白？是否誠信？

三、財務原則

●重視股東報酬率而非每股盈餘。

●計算公司擁有人獲利（Owner's Earnings）。

●找尋毛利率高的公司。

●確定每一元保留盈餘，公司最少要能創造一元的市值。

四、市場原則

●這家公司的業務價值在哪？

●這家公司是否會以低於淨值的價錢被收購？

如果仔細根據這些投資原則來評估投資標的，自然而然就會發掘出符合巴菲特核心投資法的好股票，因爲依循這個原則所篩選出來的企業，過去必定有長久優良的營運紀錄、卓越的經營管理團隊、穩定的未來獲利。核心投資法的觀念就是將資金集中投資在符合這些原則的績優企業。

從數學演繹出來的「機率」，就是核心投資法的理論基礎。我將在第六章詳述此一概念，並說明如何將其應用於投資實務上。目前我們只要先把「績優企業」及「機率」這兩種選股標準根植於心。透過這種分析訓練可以幫助我們找到信譽良好、遠景不錯的績優企業。現在先讓我們用反方向思考來討論幾個機率問題。

持股愈少，獲利愈多

巴菲特曾建議：「那些什麼都不懂的投資人最好選擇指數型的投資組合基金。」因爲最起碼指數型的績效不會輸給市場。但更重要的是，他認爲對投資稍有了解的人如果能夠分析企業的營運情形，並且找出五到十家具有長期發展潛力的投資標的，就沒有必要再使用傳統分散投資（積極型的投資組合）的方法。

傳統的分散投資有什麼缺點呢？最大的問題就是分散投資往往將資金投注在連投資人自己也不清楚的股票上。巴菲特建議基金經理人應用上述的選股原則取捨可能的投資標的，最多投資五到十家公司。其他的核心投資者甚至建議一般投資人集中投資在更少種類的股票，甚至三檔股票就夠了，不過一般人的持股種類大約在十到十五檔之間。

所以簡單回答先前的問題「到底要買多少種類的股票才算是持股集中？」答案就是持股不要超過十五檔股票。其實比決定要買多少股票更難的事情，是了解爲什麼要持股集中？原因是核心投資法若應用於持股太過複雜的投資組合上，失敗的可能性將增加。

巴菲特常常引述英國經濟學者凱因斯（John Maynard Keynes）的話來佐證他的理論。一九四三年凱因斯寫給一位商界朋友的信上提到：「如果投資人以爲將資金分散投資於不同企業，就可以降低風險，那就大錯特錯。其實他們對所投資的公司營運現況都不熟悉，更別提能完全掌握這些公司的未來發展。……每位投資人的了解其實都很有限，就連我自己都無法在短時間內對二、三家企業有完全的了解。」凱因斯可能是第一位替核心投資理論背書的學者。

影響巴菲特更多的應該是菲利浦・費雪（Philip Fisher）。費雪是近半世紀以來最傑出的投資顧問，他的兩本著作《非常潛力股》（*Common Stocks and Uncommon Profits*）及《投資股票致富之道》（*Paths to Wealth Through Common Stocks*）也一直被巴菲特所稱頌。

費雪以核心投資組合著名，他喜歡集中持有少數他充分了解的績優股。從一九二九年股市大崩盤後，費雪成立自己的投資顧問公司，同時也體驗到要讓受託客戶獲利是多麼重要的事。他認爲如果對投資標的愈了解，操作績效就會愈好。一般說來費雪會將投資標的公司數量縮減到十家以下，並將五分之三的資金集中投資其中的三到四家。

費雪在一九五八年出版的書中提到：「操盤人或是投資顧問通常不會投資一家不甚了解的企業，或者操作不完全分散風險的投資組合。」雖然現已年邁，費雪仍然堅持他的理念。「如果市場上有穩賺的股票，大家一定打破頭搶著要買，但事實上穩賺的股票很難找到，所以我要不是等到這種機會來了才大買，要不就什麼都不買。」

費雪的兒子肯・費雪（Ken Fisher）也是一位成功的基金經理人。他簡述了他父親的理念：「我父親的投資策略之所以與眾不同，就是因爲他深信持股種類愈少，獲利反而愈多。」

投資組合不要超過十檔股票

對巴菲特而言，一家公司若眞的值得投資，他會大幅加碼投資，從這個信念可以看出他深受費雪的影響。費雪就像其他成功的基金經理人一樣，非常嚴謹地研究投資標的。他會不厭其煩的走訪潛在投資標的公司，增加對他們的了解。只要看到他喜歡的企業，就會投入大筆資金。肯・費雪表示他父親總是能慧眼獨具地看出哪些企業未來具有成長的潛力。

巴菲特的成功再次印證這個理念。他認爲每位投資人如果認眞作研究，找到一檔自己認爲很好的投資標的，就要有勇氣及信念將自己所有資產的十分之一投資下去。

由此可看出，爲什麼巴菲特認爲最好的投資組合不能超過十檔股票，因爲每一檔股票大約要押上可投資金額的十分之一。但核心投資法不是單純的去挑十檔好股票，然後將資金平均分配於這些股票上而已。因爲即使全都是高獲利的股票，彼此之間還是有程度之分，較好的股票值得集中較多的資金。

撲克牌遊戲「二十一點」（Black Jack）的玩家都知道，當手中的牌對自己非常有利，就要盡量下注。在許多人眼中，基金經理人和賭徒在這一點上沒什麼不同，或許是因爲他們的操作方法都是源自於數學中的機率原理。除了機率之外，數學還提供了另一原理，叫作「凱利最佳化模型」（Kelly Optimization Model），這種模型是利用機率預估投資組合中最適合的組成比例。我會在第六章再針對「凱利最佳化模型」做深入的探討。

我不確定當巴菲特在一九六三年晚期決定買下美國運通公司（American Express）股票時，心中所把持的是否就是這個最佳化模型。但無論如何，這一次投資再次證明巴菲特的過人膽識。一九五〇到一九六〇年間巴菲特回到老家內布拉斯加州，擔任一家投資顧問公司的合夥人，他的合夥人資格使他可以運用大筆資金，集中投資獲利率不錯的股票。

一九六三年一個千載難逢的投資機會出現了，在提諾·安琪利斯沙拉油醜聞案（Tino de Angelis Salad Oil Scandal）爆發期間，美國運通公司的股價從六十五美元大跌到只剩下三十五美元，因爲大家認爲美國運通將會因爲接受倉庫的假收據而被罰款數百萬美元。巴菲特看準這個機會，大舉投資一千三百萬美元，這個數目相當於顧問公司可投資資產的四成，因此取得美國運通百分之五的股權。接下來的兩年，這檔股票的價格足足上漲了三倍，於是巴菲特將股票出清，共獲利二千萬美元。

核心投資法與高度分散、高周轉率的操作理念完全相反。和所有積極型的操作手法比較，核心投資是長期最有可能獲利的投資方法。但投資人需要耐心地持有投資組合，不被別人的短線獲利所迷惑。

長抱，平靜面對股價波動

銀行利率的變動、通貨膨脹，或是企業獲利預估數字公布等因素，雖然會影響股價短線走勢，但時間一旦拉長，潛藏於企業內部的獲利成長力自然會主宰股價。

到底要持有股票多久比較好？答案是沒有絕對的時間限制（雖然巴菲特認爲至少要持有五年的說法很愚蠢）。持股長抱的目的絕非要刻意讓周轉率接近於零，所以若是過於堅持完全不賣以致於錯失絕佳機會也是不對的。我的建議是以周轉率的角度來衡量，也就是將周週轉率大約控制在一〇%至二〇%左右。一〇%的周轉率表示持股會續抱約十年，而周轉率二〇%表示持股大約達五年左右。

股價波動是核心投資法另一必然的副產品。傳統的積極型投資組合利用多方面的分散投資，企圖抵銷股價的波動。積極型基金經理人了解投資人每個月收到基金對帳單的心理變化，當他們看到自己所投資的基金淨值下跌，就算明明知道股價本來就有漲有跌，心裡仍不免會慌張。

投資組合愈分散，股價變動反映在對帳單上的情況就愈不明顯。對於大多數的客戶來說，分散投資的方法的確很安全，因爲所有的波動極易被抵銷，但是獲利曲線相對就會十分平坦而乏善可陳。所以雖然不會引起客戶太大的情緒反應，但永遠只能獲得普通的獲利。

核心投資法的目的在追求高報酬率，我們將在第三章提出許多學理和過去累積的實際案例，驗證這種投資策略的成功。核心投資法的過程不見得都非常平順，但核心投資人必須忍受短期的波動起伏，因爲潛藏於企業內部的眞實價值終究會反映在股價上，而未來的股價成長空間也絕對足以補償短期的股價回檔，甚至產生更高的報酬。

巴菲特很少會在意股價的波動，巴菲特的老同事兼老朋友，同時也是柏克夏－哈薩威公司（Berkshire Hathaway）的副總裁查理．蒙哥（Charlie Munger）也是如此。熟讀柏克夏－哈薩威公司年度報表的人就知道，他們兩人在投資方面不僅理念一致，更能互補對方的不足。

蒙哥和巴菲特一樣，在一九六〇到一九七〇年間經營一家投資公司，因此可以自由運用大筆資金操作投資組合。他過人的才智及投資操作方法，再次驗證了核心投資法的理念。

蒙哥表示：「在一九六〇年代我眞的把複利表拿出來，然後比較所有股票的表現，假設各種投資組合的可能最高報酬率。」他運算各種投資組合的可能結果，也曾將他實際的持股放進各種組合，以預測可能的報酬率及波動性，因爲他認爲計算所有的可能結果是最直接有效的辦法。

蒙哥也曾提到：「我覺得我就像是玩撲克牌的人，只要手上的牌非常好，就會大舉加碼。」他認爲：「如果能眞正掌握少數公司未來股價的可能走勢，其實持有三檔股票就很足夠。因爲只要能完全了解這少數標的公司的狀況，就算短期的股價波動也不會對我有任何心理影響。大家也都認爲我最能克服股價波動的心理障礙，這也就是爲什麼我堅信自己的投資操作方法。」

有些人天生好運，特別能克服短期股價波動所造成的心理障礙，但這種特質可以靠後天學習。首先就是要調整慣有的投資操作觀念和方法，觀念的調整及操作方式的改變無法立即調整過來，但可以試著在市場行情發生波動時，讓自己不驚慌、不隨意搶進投資。

對投資心理學（詳述於第七章）愈了解，就愈能掌控投資行爲。社會學家已經開始注意到心理層面對投資行爲的影響，發展出「行爲財務學」（behavioral finance），提供了另一種衡量投資成功與否的方式。例如股價下跌或許讓人心碎，但換個角度想，這正是重新評估投資組合表現的最佳時機。

雖然評估不見得有立竿見影的效果，但對未來的投資情勢應該有所幫助。巴菲特更樂觀的認爲評估絕對有莫大助益。新的評估方法包含了許多經濟指標的概念，將在第四章詳述。

我們之前說過，核心投資法只是一個簡單的觀念，但是卻包含了邏輯推演、數學及心理學等相關因素。在這一章中我們已經廣泛討論了種種投資原則和觀念，現在我們把這些繁雜的原則簡化成基本的投資綱要。

簡言之，核心投資法的過程包含下列步驟：

- 以巴菲特的投資選股原則評估企業，選擇十到十五家未來獲利成長能延續過去高獲利的績優股。
- 分配投資資金時，要將大部分資金集中投資於未來獲利高度成長的企業。
- 只要市場不持續惡化，保持投資組合不變至少五年（可能的話，愈久愈好），同時作好心理準備，不管股價如何波動都要保持冷靜。

全方位的思考

核心投資法的概念並非是由巴菲特發明。早在五十年前，凱因斯就已經提出基礎的概念，而巴菲特則將此理論作了最成功的實證。令人困惑的是，一向習慣抄襲別人成功典範的華爾街，反而到現在還沒有開始複製這種投資操作的方法。

一九九五年起我們發起蘭格－梅森核心基金，這是我們第二支只操作十五檔股票的共同基金。我們的第一支共同基金是水杉基金（Sequoia Fund），詳見第三章介紹。這支基金給予我們非常珍貴的機會操作核心投資組合，四年來我接觸到不同層面的人，包括股東、財務顧問、分析師、其他投資經理人及媒體。透過與他們的交流，使我體認到目前核心投資經理人的操作，確實與當今業界的主流操作方式相差甚多，其背後最主要的原因就在於思考邏輯的不同。

蒙哥透過全方位的分析模式，幫助我釐清這種思考的差異。一九九五年蒙哥在南加州大學商學院（University of Southern California School of Business）古爾福特・貝卡教授（Professor Guilford Babcock）的課堂上發表演講，題目爲「投資專家的建議其實都是基本常識的一小部分：什麼才是投資大智慧」（Investment Expertise as asubdivision of Elementary, Worldly Wisdom）。對蒙哥而言這是很有趣的演講，因爲它環繞著一個很重要的問題：「人們如何得到眞正的智慧？」也就是他所謂的大智慧。

若只是靠整理和引述資料及圖表而取得知識，很顯然是不夠的。他認爲眞正的智慧在於了解這些事件與事件之間如何互相影響結合，利用全方位的思考模式，累積相關投資經驗，才能眞正得到智慧。蒙哥認爲投資人心中要有許多不同的思考模式並加以整合，以全方位的思考模式，建立投資組合。

要學會全方位思考模式，蒙哥認爲首先要做到的是了解各種模式，而且必須跨越各個不同領域。他認爲要成爲一位成功的投資者，一定要具備多元化且全方位的思維。

蒙哥指出：「由於目前社會講究分工，反而將思想設限。例如：商科教授在課堂上絕對不會引述物理學學理；而物理教師也不會提到生物學；生物老師不會提到數學；數學課也不可能教心理學。所以我們應該打破『學科間的藩籬』，用全方位的思維，將各種學理統合起來。」

蒙哥表示：「人的思考是運用各種模式，我們如何比別人更有智慧，那就是要找出最基本有效的思考模式，因爲它可使我們考慮得更多元、更全方位。」

雖然現在的投資文化流行講究功能細分，但我不認爲核心投資法不能適應這種文化。若要使核心投資法更完整，就必須多方涉獵、整合各種觀念和新知。除非能完全了解來自心理學的行爲模式，否則無法眞正掌握投資結果。如果不知如何分析統計學上的機率，就不會知道要如何在投資組合中作最好的分配。只要能了解市場複雜的調節運作模式，就會發現猜測市場未來走勢是一件多麼愚蠢的事。

整個學習過程不須大費周章，蒙哥認爲：「你只要掌握幾個重要的觀念就好，不需要專精各種學科。」這種訓練最有趣的地方在於，當我們整合分析各方面的思考模式，並且發現它們的結果都指向同一個方向時，就知道要如何做。

核心投資法最重要是學會如何挑選股票，投資人可從我的上本書《勝券在握》得到如何選股的答案。而為了讓我們的選股訓練更完整，我必須再增加幾個簡單模型：如何在投資組合內調配個股比例；以及如何能讓投資組合有最大的獲利。在這條學習路途上我們並不孤單，因為可以依循著巴菲特選股原則和蒙哥的投資大智慧，以及柏克夏－哈薩威公司的成功經驗。上述兩位大師最引人稱頌的莫過於他們把成功歸功於整個團隊，他們稱這個團隊為「訓練正確投資思考模式的教育機構」，而他們所教給投資大眾的是幾個重要而有效的觀念。

蒙哥曾說過：「柏克夏－哈薩威公司是非常傳統的地方，我們也努力維持這些傳統。我不認為傳統意味著迂腐，我欣賞的是那些蘊含在傳統中的眞理，例如簡單的數學運算、基本的動物本能、基本的恐懼和從人性特質去預估可能的投資行為模式。」如果你依循這個傳統原則去投資，應該會有相當不錯的報酬。

第二章　現代投資理論大師

傳統智慧有其悠久的歷史，但缺乏真正的智慧。

——華倫．巴菲特

二十世紀有兩次規模最大的金融風暴：第一次是起自一九二九年的股市大崩盤和隨後長達數年的經濟蕭條；第二次是發生在一九七三到一九七四年間股市的空頭走勢及經濟衰退。

第二次風暴並非由單日股市崩跌所造成，而且對美國家庭財富的負面影響也沒有那麼全面，所以不是所有經歷過那段日子的人都有相同的回憶。但是對金融專業人士而言，第二次金融風暴的重要性絕不輸給第一次，因爲它是現代投資理財理論奠基過程中的重要轉折點，尤其是導致現代投資組合理論的誕生。

回顧這些理論的發展過程，我們可以清楚分辨出兩種主要理論流派，而這兩派理論到底孰優孰劣，到現在仍爭論不斷。彼此的支持者雖然都傾心研究何者才是最佳的投資方法，但最後的結論仍然大相逕庭。與其繁瑣的區分這兩派投資理論的不同，不如先將它們簡單的區分爲巴菲特的投資理論和一般投資人的投資理論。

一九七三年到一九七四年的金融風暴是一種慢性摧殘的過程，投資虧損的擴大似乎沒有停止的一天，股市整體下跌六〇%，就連保守的公債投資人的財富也在縮小，利率水準和通貨膨脹率的漲幅飄高到兩位數字，油價居高不下，房屋分期貸款價格也高得讓中產階級買不起房子，而當時股市行情也壞到使基金經理人開始懷疑自己的投資策略是否出了問題。

爲了找尋解答，基金經理人開始轉向學術單位尋求短暫的解脫。這些針對投資行爲的學術研究在沈寂大約二十年後，突然鹹魚翻身成爲經理人的暗夜明燈。有些經理人甚至對這些學術研究產生極大的依賴，而這些學術研究也逐漸衍生爲現代投資組合理論。

巴菲特當時則決定採取另一種投資方向。

葛拉漢的啓蒙

巴菲特的父親曾經從事股票經紀業務，所以巴菲特八歲時就常在父親位於內布拉斯加州（Nebraska）奧瑪哈市（Omaha）的公司，耳濡目染各種投資交易過程，同年他也作了生平的第一筆股票投資。在進入內布拉斯加大學就讀時，對數字特別有天份的巴菲特無意中接觸到一本名叫《做個智慧投資人》（*The Intelligent Investor*）的書，作者是哥倫比亞大學教授班傑明・葛拉漢（Benjamin Graham）。在這本書中，葛拉漢認爲投資理財最重要的資訊就是投資標的公司的眞實價值（intrinsic value），而投資人最重要的工作則是正確計算出該公司的價值，並在市場價格仍低於眞正價值之前，緊守只買不賣的原則。巴菲特被這種投資邏輯深深吸引，特別跑去哥倫比亞大學攻讀研究所，並成爲葛拉漢的門生。

巴菲特在一九五二年取得經濟學碩士學位後，回到故鄉奧瑪哈市協助父親。當時他父親已擁有自己的證券經紀公司，取名爲「巴菲特・霍克公司」（Buffett Falk & Company）。巴菲特因此有機會實際運用從葛拉漢處學到的投資理論。巴菲特謹遵葛拉漢的教誨，只考慮買進股價超跌的股票，而且當這些股票的股價愈低，他的興趣就愈大。

雖然一面幫父親工作，巴菲特仍然和他的投資啓蒙老師保持密切連絡。一九五四年葛拉漢邀請他到紐約的葛拉漢－紐曼公司（Graham-Newman Corporation）上班，兩年後葛拉漢退休，而巴菲特則重返故鄉。和其他六名合夥人湊了一筆投資基金，其中包括他自己的一百美元，開始了屬於自己的投資工作。誰也沒想到在短短數年之後，巴菲特竟然能完成我們在第一章提到的美國運通投資案。當時他只有二十五歲。

雖然身爲合夥投資的一份子，巴菲特卻被授權自由運用這筆基金。除了像美國運通投資案只取得投資標的公司的少數股權外，有時他也會設法取得部分標的公司的實質經營權。從一九六二年起，巴菲特開始收購當時經營不善的紡織公司的股票，這家公司就是後來赫赫有名的柏克夏—哈薩威公司。

一九六九年巴菲特結束了長達數年的合夥投資關係。他過去曾爲自己設下一個很有野心的目標，要求自己的投資年報酬率必須高過道瓊工業指數（Dow Jones Industrial Index）漲幅約十個百分點。他不但做到了，而且還遠遠超過指數漲幅約二十二個百分點。

由於部分原投資人希望能將該筆基金交由別的經理人來管理，所以巴菲特特別邀請他的朋友，也是他在哥倫比亞大學的同學比爾．諾內（Bill Ruane）接管。比爾答應了他的邀請，於是這筆基金就成了後來水杉基金（Seguoia Fund）的前身（有關比爾．諾內，詳述於第三章）。

馬科維茨：報酬與風險的關連性

巴菲特隨後拿著他分到的獎金買下柏克夏—哈薩威公司更多的股權，最後甚至取得該公司的主導權。往後的幾年，他開始專心經營這家紡織公司。

一九五二年三月，大約是巴菲特剛從大學畢業回家幫父親工作的同時，《財務季刊》（*The*

Journal of Finance）刊載了一篇題爲〈投資組合選擇〉（Portfolio Selection）的短篇文章，作者哈里・馬科維茨（Harry Markowitz）當時是芝加哥大學的研究生。這篇文章大約只有十四頁，其中只有四頁是文字敘述，剩下的都是一些圖表和數學計算程式。就一般學術論文的標準而言，這篇文章似乎沒什麼特別起眼的地方，但卻被後世譽爲現代投資學的始祖。

馬科維茨在短短幾頁的文章中討論的是一個非常簡單的觀念：風險與報酬的關連性。身爲經濟學家，他認爲有必要運用統計原理來量化兩者之間的關係，從而估算出投資行爲背後的風險和預期報酬的連動性。他在文章中以數學計算驗證了他的結論：追求高報酬就必須忍受高風險。

馬科維茨後來表示，當時他福至心靈產生了這種想法：在投資行爲付諸行動前，除了考慮可能的報酬外，也要設法了解伴隨而來的風險。雖然現在投資學普及，這種理論根本沒什麼特別，但在當時五〇年代卻造成投資理論革命性的新浪潮。

當時的投資人幾乎完全沒有投資組合的想法，更沒有風險的概念，藉著投資組合的方式來分散風險的概念，被認爲是從天而降的福音。當時的投資人只知道如果某檔股票價格可能會上揚，就要趕快進場買進，完全不必理會其他的可能情形。這種投資行爲讓馬科維茨感到很困惑，因爲同時追求高報酬和零風險是不可能的事。爲了更清楚呈現他的觀念，他發展出「效率前緣」（efficient frontier）的理論解釋報酬與風險之間的關係。

他說：「身爲一位經濟學家，我企圖用座標圖來說明兩者關係，預期報酬和風險分別在座標圖的兩軸上，而效率前緣就是由右上到左下的直線，直線上的每一點都代表預期報酬和風險的互動結果。」最有效率的投資組合是最終報酬遠高於所承受的風險，而最沒有效率的投資組合則是最終報酬遠低於所要承受的風險。馬科維茨認爲基金經理人的目標，就是將其投資組合的風險維持在投資人所能承受的風險範圍內，並盡量避免報酬低於所承擔的風險。

一九五九年馬科維茨根據他的博士論文出版了他的第一本書，書名是《投資組合選擇：有效分散投資風險》（*Porfolio Selection: Efficient Diversification of Investment*）。在書中更詳細描述了他對風險的看法，馬科維茨說：「我用標準差（standard deviation）作爲衡量風險的工具。」標準差表示與標準的差距，距離愈大就表示所冒的風險愈大。

按照馬科維茨的理論，我們可以推測投資組合的風險就是該組合內所有單一個股風險加總的平均。但是事實卻非如此，標準差雖然可以告訴我們某一檔股票的投資風險，但兩檔（甚至一百檔）股票的平均標準差，卻不能正確顯示這兩檔（或這一百檔）股票的投資組合風險到底有多少。

後世認爲，馬科維茨最偉大的貢獻在於企圖找出一種可以檢測投資組合風險的方法，因爲他嘗試利用投資組合內每一檔股票標準差的相互關係，計算出共變異數（covariance），共變異數可以測出一群股票組合未來的可能走勢。如果兩檔股票的共變異數愈高，那麼這兩檔股票股價的走勢就愈接近同步。相反地，彼此間共變異數愈低，則表示彼此走勢多朝相反方向。

馬科維茨認爲投資組合的風險不在於每一檔股票的標準差，而在於該組合中每檔股票的共變異數。如果投資組合中每一檔股票的走向均一致，當景氣不佳時，所有股票一起大跌的可能性就愈高。如果將風險雖高但走向相反的股票，放在同一投資組合中，該組合的風險就會大幅下降。

投資人首先必需了解自己所能承擔的風險高低，在這個範圍內運用分散風險的觀念，建立高效率、低共變異數的投資組合。然而這本書和馬科維茨七年前短文所要表達的意念，不知爲何來被當時許多投資專家棄之不用。

夏普：風險的數學定義

在馬科維茨第一篇文章問世的十年後，一位名叫威廉．夏普（William F. Sharpe）的博士班研究生登門拜訪馬科維茨，而馬科維茨當時在蘭德研究所（RAND Institute）從事線性規畫（linear programming）的研究。由於夏普當時還欠缺博士論文的題目，南加州大學（ＵＣＬＡ）

的一名教授建議他去見馬科維茨。馬科維茨告訴夏普，他的投資組合理論需要隨時不斷地找出組合內部的共變異數，以便計算出該組合的風險。夏普很仔細的聆聽，然後回到南加大。

過了一年，夏普的博士論文就出爐了，題目是〈投資組合的簡易分析模型〉（A Simplified Model of Portfolio Analysis）。雖然夏普表示他的理念靈感完全來自馬科維茨先前的理論，但他提出了比計算投資組合內共變異數更方便的方法，從此之後，不用再像馬科維茨一樣花時間去計算數不完的共變異數。

夏普認爲每一檔股票均與某些影響股價的因素相關，這些因素可以是大盤指數、國民生產毛額或其他相關的種種價格指數等。根據夏普的理論，只要某項因素是最重要的一個，分析師就只須分析該因素與單一股票股價之間的關係。相較於馬科維茨的理論和作法，夏普的模型大幅簡化計算風險的過程。

拿股票作例子吧！根據夏普的理論，對單一股票股價走勢最有直接影響因素的，大概就是股票市場的整體表現（比較沒有直接影響力，但同樣也很重要的因素，如類股的整體表現和個別公司的產業特性）。如果某一股票股價波動性大於大盤指數的波動性，那麼將該股納入投資組合內，將使整個投資組合波動增大，從而使風險隨之升高。相反的，如果某一股票股價的波動性小於大盤的波動，若將該股納入投資組合中，將可使整個投資組合的波動性減少。因此投資組合的波動性就可簡單的以組合中個股波動性的加權平均數來表達。

夏普替此項衡量股價波動的工具取了一個簡單易懂的名字，叫貝他係數（beta）。貝他係數是用來衡量個股波動與大盤波動的相關性。若單一個股的股價漲跌幅度完全和大盤的漲跌一致，則該股的貝他係數等於一；如果單一個股的股價漲跌約爲同一時期大盤指數漲跌的兩倍，則該股的貝他係數等於二；如果單一個股股價漲跌僅達大盤指數漲跌的八〇％，則該股的貝他係數等於〇．八。

根據這種邏輯，我們可利用組合中所有個股貝他係數的加權平均數，輕易判斷出該投資組合整體的貝他係數。如果一投資組合整體的貝他係數大於一，表示該組合的風險超越大盤的風險。反之如果某一個投資組合的貝他係數小於一，則該組合的風險相對大盤的風險應較小。

在提出〈投資組合的簡易分析模式〉的博士論文後一年，夏普再次提出「資本資產定價模式」（Capital Asset Pricing Model；ＣＡＰＭ）的觀念，基本上延續了他之前的理論並加以擴張。根據資本資產定價模式，股票投資要承擔兩種不同的風險：第一種風險是源自於整體股票市場，夏普將這種風險稱之爲「系統風險」（systematic risk），系統風險其實可以用貝他係數來表達，不過無法透過分散風險的方式來消除。第二種是「非系統風險」（unsystematic risk），也就是單一個股的風險。和系統風險不一樣的是，投資組合的非系統風險可以透過加入不同貝他係數的個股，降低投資組合的整體風險。

彼得．伯恩斯坦（Peter Bernstien）是當代著名作家兼研究分析師，同時也是《投資組合管理》雜誌（*The Journal of Portfolio Management*）的編輯。他和夏普相知甚久，並且花了不少時間深入研究夏普的理論。伯恩斯坦認爲夏普的理論點出了一個「最終的結論」（inescapable conclusion）：「有效率的投資組合就是股票市場本身，任何與市場風險程度相同的單一投資組合，都無法提供比市場整體更高的預期報酬。同樣地，單一投資組合的預期報酬若與市場整體預期報酬一致時，其所承擔的風險絕對比市場整體風險來得高。」

換句話說，資本資產定價模式理論和馬科維茨的效率前緣理論，針對投資組合的風險和預期報酬相關性，有著相當一致的看法。兩位學術界菁英在十年內爲投資組合風險和報酬定下結論，這些結論被後世公認爲是現代投資組合理論的中心思想：馬克維茲對風險與報酬相生相起的理論和夏普提出對風險更深入的探討和衡量方法。另一位當時在芝加哥大學擔任財務管理學講座的年輕助理教授尤金．法瑪（Eugene Fama），在隨後提出了第三種理論，那就是效率市場理論（efficient market theory）。

法瑪：效率市場理論

雖然已有許多著名學者提出有關效率市場的著作，包括麻省理工學院經濟學家保羅・薩繆爾森（Paul Samuelson），但是法瑪是公認對股票市場行爲提供最完整、最精闢理論的人。

法瑪從一九六〇年代早期就開始從事股價變動的研究。他廣泛閱讀及蒐集當時對股票市場行爲的所有相關作品，但是他對法國數學家畢諾特・曼得伯（Benoit Mandelbrot）所提出的碎形幾何理論（fractal geometry）最感興趣。這種理論認爲股票的股價波動不會一成不變，因此沒有任何基本面或統計面的研究可以解釋該股的波動。尤有甚者，股價波動不規律的情形只會增加不會減少，從而產生出一些意料不到的大幅波動。

一九六三年法瑪的博士論文題目〈股價的波動行爲〉（The Behavior of Stock Prices）被《商業季刊》（*The Journal of Business*）刊出，被《財務分析師期刊》（*The Financial Analysts Journal*）和《機構法人》（*The Institutional Investor*）雜誌等平面媒體摘錄。對一個財務投資界的新人而言，法瑪很快地成爲業界注目的焦點。

法瑪提出的概念簡單而清楚：由於市場過於有效率，因此無法預先掌握股價的波動。在有效率的市場中各種資訊自由流通，聰明的投資人（法瑪稱這些人爲理性追求最大利潤的人

「rational profit maximizers」）積極運用資訊作爲買進、賣出的指標，使股價隨時都能有效率地呈現個別的價值，其他投資人無法再從中獲利。由於股價調整過於迅速，所以預估股價未來走勢在效率市場毫無用武之地。

法瑪承認在現實環境中無法實驗他的效率市場理論，於是他採用反證的方法。如果有任何一個交易系統或交易員能經常性的打敗大盤指數，那麼這個市場顯然不是一個效率市場。但如果沒有任河人能經常性打敗大盤指數，我們就可以假設股價已隨時機動地反應各種利多、利空消息，而這個市場就是個效率市場。

雖然從一九五〇年代到一九六〇年代理論家和分析師發展出各種思考模型，從而建構出現代投資組合理論的架構，但華爾街人士卻不當一回事。伯恩斯坦認爲這可能是因爲運用投資組合作爲投資策略在當時並不流行，不過，這種現象在一九七四年完全改觀。

一九七三年和一九七四年的空頭市場，無疑地使法人開始認眞思考學術界關於控制風險的新投資理論。幾十年來盲目投資所造成的金融創傷，深刻到每個人對任何風險都提心吊膽。伯恩斯坦表示：「一九七四年的金融風暴讓我深信，一定還有更好的投資理財方法。我試圖說服自己不要理會那些學術界堆積出來的理論架構，因爲我和許多同事都認爲大部分的理論都是一派胡言，但由於知名大學仍然推出各種浮濫的理論和模式，我們多多少少都被迫吸收這些理論。」

從此之後華爾街、政治人物或企業人士對財務金融發展的主導權拱手讓給了學術界。由於愈來愈多的專業財務投資人士求助於學術界，學術界開始掌握理論發展的全局，因此與現實脫節的學術象牙塔逐漸成爲當代投資學的最高指導原則。

巴菲特的另類思考

雖然巴菲特專注於經營剛取得主控權的柏克夏－哈薩威公司，他仍然一直對市場變化保持高度的注意力。大部分專業投資法人認爲一九七三到一九七四年是不宜投資的時機，葛拉漢的學生巴菲特卻認爲這段時間充滿了投資契機。而且他掌握了最好切入時機。

巴菲特曾經在史丹佛大學法學院的演講中，描述他投資《華盛頓郵報》（*The Washington Post*）的理由，他說：「我們在一九七四年以美金八千萬的代價買下《華盛頓郵報》，現在你隨意請一百位研究員評估《華盛頓郵報》當時的價值，他們一定表示大約值四億美元。但是根據貝他係數理論或其他現代投資學理論來看，當時我們以八千萬美元的代價買下市值僅四千萬的公司，有人認爲投資風險太大且可能使該公司股價波動增加。類似這種似是而非的理論，實在令我難以接受。」

收購《華盛頓郵報》的舉動，顯示巴菲特採行的是和大部分投資專家相當不同的投資策略。同時他也非常了解現代投資組合理論強調的三大基本主張：風險的概念、分散風險的必要和效率市場的存在。

巴菲特對風險的看法

讓我們回憶一下前面提到的現代投資組合理論，風險通常被定義爲股價的波動性。但巴菲特一向認爲股價下跌是賺更多錢的好機會，因此股價愈跌反而降低了巴菲特的投資風險。他認爲如果我們從投資人就是企業老闆的角度來看，取得股權成本當然愈低愈好，相對風險也會比較低。因此學術界對風險的定義不但失眞，而且常導致觀念混淆。

巴菲特對風險下的定義是：投資行爲導致輕微損失或重大損失的可能性。風險在於投資標的公司實質內部價值是否成長或衰退，與公司股價的漲跌無關，他認爲眞正的風險在於「因投資行爲而產生的稅後淨利，是否能超過原始投資金額加上依據投資時利率水準計算的利息。」投資之所以可能導致輕微或重大損失，主要是因爲誤判了影響該投資是否獲利的四個重要因素，另外可能的原因是受到其他無法掌握和預測的因素，如稅率和通膨的變動。

爲了確保原始投資的報酬最起碼能還本，巴菲特要投資人牢記四大標準：

一、投資標的公司的未來長期前景能見度。

二、投資標的公司經營管理能力的能見度，包括是否了解公司未來發展潛力和靈活運用公司現金流量的能力。

三、投資標的公司經營者信用的可靠度，包括是否會讓公司股東享受公司的獲利，而不是只有圖利自己。

四、投資標的公司的價值。

同時巴菲特認爲風險也和投資人的預計持股時間息息相關。如果你打算今天搶進明天殺出的話，你就是在從事高風險的交易行爲。預測股價短期的漲跌，就像丟銅板的賭注一樣，你起碼有一半的機會是輸。

但是如果你把持股時間拉長到數年之久，只要當初的投資合乎邏輯，投資風險就會大幅降低。巴菲特說：「如果要我衡量今天早上買進可口可樂明天一早就賣掉的風險有多高，我會認爲這是一筆風險很高的投資。」但是如果今早買進可口可樂，然後抱股不賣達十年之久，這樣的投資就可以算是無風險的投資。

巴菲特的分散風險策略

巴菲特對分散風險的策略是從他對風險的概念延伸出來的，但是他對分散風險的看法也和現代投資組合理論有很大的差異。讓我們再回憶一下之前所提的現代投資組合理論，這些理論多認爲，分散風險的最大好處是可以將組合內的個股波動性彼此抵銷。但是如果你和巴菲特一樣，都不在意股價短期的漲跌，那麼你必須從相當不同的角度來看待投資組合對分散風險的意義。

巴菲特說：「我們投資組合的策略和先前所提到傳統投資人的策略不同，有些人也許認爲我們的投資風險比傳統投資組合的風險來得高。但我們相信，集中投資少數股票的投資組合實際上反而降低風險。由於持股種類較少，可以更深入研究被投資公司的內部價值，相對減少投資人擔心投資是否會虧損的次數，同時也降低投資人對被投資公司經營本質和未來發展的不確定性。」簡單來說，愈透澈了解標的公司的所有狀況，你所承擔的投資風險就愈小。

巴菲特認爲其實分散風險對多數投資人而言，是一種簡單的避險手段。他們不希望因爲任何利空消息造成股價表現落後大盤，所以乾脆採取散彈式的廣泛投資，以期與大盤齊漲齊跌。

許多不懂如何眞正衡量被投資公司價值的投資人很自然的就採用這種方法。其實現代投資學理論主要是爲那些不懂投資的投資人，提供一些保護自己避免資產縮水的方法，但是這種保護卻是要付出代價的。巴菲特認爲如果現代投資學不過是教投資人如何運用數學的平均觀念，但是連國小五年級的學生都知道如何平均，這種教育其實並無多大意義。

效率市場理論失真

如果效率市場理論完全成立的話，幾乎沒有投資人的投資報酬率能超越市場。就算有，也只是偶然的機會，無法經常性地打敗市場。然而巴菲特過去二十五年優越的投資績效，卻證明的確有人能長期打敗市場。許多採取巴菲特投資策略的投資人，其績效也多能打敗市場。這種現象到底說明了什麼？效率市場理論到底有沒有用？

效率市場理論的支持者似乎刻意忽略這些顯而易見的矛盾現象，這些人不願去拆穿效率市場理論的神話，深怕破壞了自己長久以來的信仰基礎。

效率市場理論無法自圓其說的原因如下：

一、投資人不見得都是理性的。根據效率市場理論，投資人運用所有資訊作爲投資的參考，從而使股價維持在合理的價位，但是許多行爲心理學的研究報告指出，投資人不見得都有理性的預期。

二、投資人就算取得所有資訊，也不見得選擇其中最正確的資訊作參考。他們常用某些捷徑來決定股價，而不用基本面分析公司的內部價值。

三、投資人習慣用短線股價表現作爲投資參考。這就是爲什麼他們的長期績效無法打敗市場的原因。

其實巴菲特對效率市場理論最詬病的一點，就是投資人根本無法分析所有股票的所有資料，更無法發掘較有股價表現空間的股票。「投資人只不過觀察股價一段時間內的理性表現後，就驟下結論認爲股價表現永遠都是理性的，其實兩者的關係常常是南轅北轍。」

縱然如此，大學商學院還是把效率市場理論當傳教般的教授。巴菲特覺得這種教育只有反效果，因爲這種教育對學生和受騙的投資學教授所造成的傷害，已經大到不是他和其他葛拉漢的學生所能挽回補救的。如果能夠說服他們效率市場理論沒有用，對於他們在理財甚至是身心方面，均能產生極大的好處。但是從比較自私的觀點來看，我們最好捐款支持學校將效率市場理論納入永遠必學的教材。因爲沒有他們的無知，巴菲特賺大錢的機會就會減少。

新的投資組合理論正在形成

今天的投資人正處於理財的十字路口，向左走可以通往現代投資學理論的大本營，那邊的人認爲投資人是理性的，市場是有效率的，風險就是價格的波動，而唯一可以規避風險的方法就是廣泛分散投資標的。向右走則通往巴菲特的核心投資理論。它和其他現代投資學理論非常不同，其主要邏輯可歸爲下列四點：

一、投資人是不理性的，他們常常受股票可能下跌的恐懼和期望股價上揚的貪婪影響。

二、市場不是有效率的，願意學習研究的投資人有機會打敗市場。

三、風險並非源自於價格波動，而是根據企業本身的內在價值。

四、最好的投資策略是重押在少數獲利前景高的核心投資組合，這種策略和那些平均分散在多數股票的投資組合相當不同。

投資人在開始運用巴菲特所教的核心投資組合策略之前，必須先將自己腦海中的現代投資組合理論遺毒拋棄。但是現代投資組合理論已有數十年的發展，影響深植人心，同時這些理論又有漂亮的數學方程式和許多諾貝爾獎學金得獎人的背書認同。我們不認爲現代投資理論支持者的信心會開始動搖。他們甚至不承認他們的理論有瑕疵，因爲這會影響他們的心靈信仰和獲利來源。

幸好我們不需費神瓦解現在投資組合理論，這些理論會逐漸因爲沒有多大用處而自行瓦解。如果愈來愈多人採行巴菲特的投資策略而獲利，漸漸地人們就會將其他有問題的投資模式扔到一旁。雖然有許多學術界重量級大師認同現代投資學理論，但不要忘記，核心投資法也是經歷不少身經百戰的投資大師代代相傳，如凱因斯、費雪、蒙哥、辛普森（Lou Simpson）、諾內和巴菲特。

如果你已經被多如過江之鯽的投資理論沖昏了頭，不妨聽聽葛拉漢給他的學生們的衷心建議：「如果你和群眾有不同的看法，你不見得是對的，但也不見得是錯的。但是當你的資料和邏輯推演是對的，不用害怕，你一定是對的。」

第三章　巴菲特學派的超級投資人

投資並非智商競賽，智商一六〇的人不一定能打敗智商一三〇的人。

——華倫・巴菲特

在經濟急速起飛的一九二〇年代中期，葛拉漢已經在華爾街闖出一番名號。隨後他決定向他的母校哥倫比亞大學，申請在夜間部教授「證券分析」（Security Analysis）一課。之所以想回到學校，主要是因爲葛拉漢想寫一本與投資相關的書籍，而教學有助於觀念的形成和資料的蒐集。一九二七年哥倫比亞大學接受了他的申請，由秋季班開始授課。

學生們對葛拉漢這堂課的反應出乎預料的熱烈，由於太多學生搶著要上這堂課，校方甚至得出動警衛維持秩序，才能讓事先有登記的學生有位子上課，當時哥倫比亞大學商學院的年輕助教大衛・陶德（David L. Dodd）也是來聽課的學生之一。第二年想要聽課的人更多了，因爲許多聽課的學生都希望能聽到一些推薦明牌。

一九二九年冬天葛拉漢忙著處理股市崩盤對他和客戶所造成的衝擊，寫書的工作因而被迫延期。葛拉漢邀請他的學生陶德一起幫忙寫書，這本內容創新但書名並不響亮的《證券分析》（*Security Analysis*）一直到一九三四年才正式出版上市，出書的時候很不巧地正逢經濟蕭條的最低潮。葛拉漢後來表示這一切都是天意，因為延後出書剛好可以把從經濟蕭條中所觀察到的智慧收錄在書中。

《證券分析》這本書在六十五年間改版了五次，至今仍持續再版中，被全球譽為必讀經典。我們實在很難用筆墨形容這本書對當今投資界的深遠影響，以及葛拉漢對後世的卓越貢獻。

哥倫比亞大學商學院曾經特別為這本書上市五十週年舉辦了一場學術研討會，以紀念這兩名傑出校友。校方邀請巴菲特為該研討會致詞，因為他不但是該校最出名的校友之一，也是葛拉漢價值分析理論的著名支持者。一九八四年參加這場座談會的來賓有大學教授、研究員、其他學術界大師及許多投資界的專家。這些專家仍然堅信現代投資組合理論和效率市場理論的合理性，而巴菲特卻無法接受上述兩種理論。

猩猩都吃些什麼？

巴菲特當時的演講題目是「葛拉漢和陶德學派的超級投資人」，在演說中他舉了一些故事作例子，同時也穿插一些笑話，但是他平靜而堅定的演說，卻將效率市場理論的基礎徹底瓦解，這場演說的內容也常被人作爲引經據典的資料。

演講一開始巴菲特先再次說明現代投資理論的中心思想：股票市場是有效率的市場，而股價的變動也都是合理的，因此任何人只能靠運氣才能使績效經常打敗大盤。雖然巴菲特並不完全排除這個理論的可能性，但是他知道有些人的績效常常能打敗市場，而這些人的成功卻並非巧合。

接著，爲了深入探討到底這些人的成功是否純屬巧合，巴菲特要求在場聽眾在心理虛擬一個全國性的擲銅板比賽。有二億二千五百萬名美國人同時參加這場比賽，參賽人要擲一元美金銅板，並猜銅板落下時哪一面朝上。每一局輸的人離場，而贏的人拿走所有賭注，並晉級到下一回合。經過十回合後會產生二十二萬名勝利者，每人各賺一千零二十四美元，如果再進行另外十回合擲幣遊戲，將只剩下二一五人，每人分別賺進一百萬美元。

如果請商學院的教授來分析這場遊戲的結果，他們會認爲這場遊戲並不需要特別的技巧，因爲就算是找二億二千五百萬隻猩猩來做同樣的遊戲，結果也一樣。巴菲特也同意此項說法，但是他慢慢延伸這個故事的涵義。他問在場聽眾，如果獲勝的二千五百隻猩猩中有四十隻猩猩是來自同一個動物園，難道我們不想知道，這些一夕致富的猩猩，過去吃了些什麼？

這個故事告訴我們，在不同的領域中如果不尋常的事密集出現，背後一定有不尋常的因素值得觀察。巴菲特認爲關鍵在於，如果這些不尋常的團體不是以地區來分類，而是以他們所學的知識作區隔的話，就更值得注意了。

所以現在我們就要來談談一群滿特別的人，巴菲特稱他們爲「葛拉漢和陶德學派的投資人」，這些人的投資績效經常贏過市場表現。巴菲特強調，這些人的成功絕非偶然，因爲他們都依循葛拉漢的選股策略。

這些人的投資選股策略都一樣，當他們發覺某檔股票的股價和其內部價值發生差距時，就大舉加碼投資。巴菲特說：「葛拉漢和陶德學派的投資人，從來不討論像貝他係數、資本資產定價模式、共變異數等理論，因爲沒有人對這些理論有興趣，甚至覺得有些專有名詞定義模糊不清，討論起來沒有意義。」

在一九八四年發表的一篇文章中，巴菲特將葛拉漢和陶德學派投資人的投資績效記錄作成圖表，藉以具體表現他們的非凡成就。現在我把這些依循葛拉漢的價值導向選股原則和巴菲特核心投資原則的人統稱爲「巴菲特學派的超級投資人」，其中包括蒙哥、諾內、辛普森，還有巴菲特本人。

十五年後的現在，我認爲有必要再去追溯檢視這些人的操作績效紀錄，因爲我們可以從他們卓越的投資方法中學習到很多東西。但是在我們開始檢視他們的投資方法之前，讓我們先從第一位核心投資者的經歷開始介紹。

凱因斯與寶櫃基金

大部分人都推崇凱因斯在經濟學上的成就，但是他除了是一位偉大的總體經濟學者外，也是位頗具傳奇色彩的投資人。凱因斯輝煌的投資績效可以從他在劍橋皇家學院（King's College in Cambridge）的寶櫃基金（Chest Fund）看出端倪。

一九二〇年以前，皇家學院的投資僅限於固定收益的債券。到了一九一九年晚期，凱因斯被任命爲副財務長，他說服董事會把一部分資金挪來投資股票、貨幣或商品期貨，於是就這樣成立了寶櫃基金。從一九二七年升任爲財務長到一九四五年去逝爲止，凱因斯實際掌握該基金的操作。

一九三四年，也就是《證券分析》這本書出版的同時，凱因斯寫了一封信給他的同事（詳見第一章），詳述他爲何偏好集中投資少數公司的原因。四年後，凱因斯爲寶櫃基金整理了一份完整的投資原則：

一、慎選投資標的：要選擇目前股價遠低於未來內部價值的企業，或者股價較當時市場落後的股票。

二、長期投資：不論在任何情形下，持有股票不隨意變動，至少要持有數年，一直等到股價到達當時預估的滿足區，或者證明當初投資判斷錯誤時才賣出。

三、分散風險：雖然集中投資少數股票，但彼此間的業務性質最好不同，使風險降低。

從他的投資原則看來，我認爲凱因斯是一位核心投資人。他會刻意降低持股種類，並且以基本面分析、評估所挑選的股票和股價情形，所以周轉率一直很低。同時他認爲分散風險很重要，而爲了降低風險，他的投資策略是投資高獲利、前景明確、不同景氣變化的績優企業。

凱因斯的投資績效如何？從表3-1可看出凱因斯選股及操作手法的優異表現。以寶櫃基金十八年來的成果與同時期英國整體證券市場相比，寶櫃基金有一三．二%的年平均報酬率，而英國股市整體的報酬率卻幾近於零。當時正值第二次世界大戰和經濟大蕭條時期，凱因斯能有這樣的績效實在不容易。

儘管如此，寶櫃基金也曾遭遇淨值大幅波動的問題，在三個不同階段（一九三○年、一九三八年和一九四○年內），寶櫃基金淨值的跌幅遠超過整體英國股市表現。從寶櫃基金淨值大幅波動的情況看來，它的波動性比市場還大。如果再看寶櫃基金的標準差，我們發現它的波動性是市場的二・三五倍。基金受益人不可否認經歷了一段相當顛簸的路程，但最後終於成功獲利。

表3-1　凱因斯寶櫃基金的年平均報酬率

西元	寶櫃基金（%）	英國股市（%）
1928	0.0	0.1
1929	0.8	6.6
1930	-32.4	-20.3
1931	-24.6	-25.0
1932	44.8	-5.8
1933	35.1	21.5
1934	33.1	-0.7
1935	44.3	5.3
1936	56.0	10.2
1937	8.5	-0.5
1938	-40.1	-16.1
1939	12.9	-7.2
1940	-15.6	-12.9
1941	33.5	12.5
1942	-0.9	0.8
1943	53.9	15.6
1944	14.5	5.4
1945	14.6	0.8
平均報酬率	13.2	-0.5
標準差	29.2	12.4
最小值	-40.1	-25.0
最大值	56.0	21.5

除了對總體經濟學有深厚的理解基礎，凱因斯的投資時機也掌握得很好。我們可以從他對於投資原則的談話中看出端倪，凱因斯認爲沒有任何人能在一個波段中頻繁進出股票，最後還能有很好的獲利。從許多經驗得知，大規模進出股市，不但不切實際，而且根本無此必要。

投資人未經審慎的思考就進出股市，不論是太晚賣、太晚買或是進出太頻繁，都將造成交易成本的浪費，同時心情隨之起伏，進而變得很投機。如果這種情形在市場上愈來愈普遍，將使市場波動隨之增大，對社會也將造成不良影響。

巴菲特合夥公司

一九五六年葛拉漢解散了他的投資公司後，巴菲特（如第二章描述）回到故鄉，與朋友合夥設立了一家投資公司。一開始公司總共集資了十萬五千一百美元，其中只有一百美元是巴菲特自己的。他爲自己定下每年要超越道瓊工業指數漲幅十個百分點的目標，結果他的表現遠超過他定下的目標。十五年來，巴菲特每年的平均報酬率都高於道瓊工業指數，漲幅達二十二個百分點。由於公司年年獲利，直至一九六五年公司的資產價值高達兩千六百萬美金。

巴菲特從一九五七年到一九六九年的投資績效（見表3-2）相當出色，公司的年平均報酬率超過道瓊工業指數的漲幅達二十二個百分點，更可貴的是它的獲利穩定成長，很少有大起大落

表3-2　巴菲特合夥投資公司的年平均成長率

時間	巴菲特合夥公司（%）	道瓊工業指數（%）
1957	10.4	-8.4
1958	40.9	38.5
1959	25.9	20.0
1960	22.8	-6.2
1961	45.9	22.4
1962	13.9	-7.6
1963	38.7	20.6
1964	27.8	18.7
1965	47.2	14.2
1966	20.4	-15.6
1967	35.9	19.0
1968	58.8	7.7
1969	6.8	-11.6
平均報酬率	30.4	8.6
標準差	15.7	16.7
最小值	6.8	-15.6
最大值	58.8	38.5

的現象。從表3-2可看出它的標準差比道瓊工業指數的標準差還低，表示公司的報酬率波動很小。巴菲特維持其一貫低調的語氣說：「不論從什麼角度來衡量，公司的獲利表現應該很令人滿意。」

他是如何辦到的？他如何避開核心投資組合常會碰到報酬率大幅波動的問題？兩個最有可能的答案是：一、他持有的股票股價變動方向可能不太一樣。雖然我確定他不是故意要作分散風險的投資組合，但組合中的公司如果業務性質差異較大，可以降低報酬的不穩定性。另一個可能的答案，就是他很小心的選擇股價遠比企業內部價值低的股票，如此一來就可以降低股票下檔的風險，而上檔獲利的空間卻無限。

查理—蒙哥合夥公司

巴菲特一向被認爲是最偉大的投資者之一，但柏克夏—哈薩威公司幾年來的優異表現不單只是巴菲特的功勞，公司副總裁蒙哥適時的建言也居功厥偉。很遺憾地在上一本書《勝券在握》中，我忽略了蒙哥對巴菲特的精神啓發和對柏克夏公司盈餘獲利的貢獻。雖然柏克夏公司的投資操作主要是由總裁來掌控，但我們不該忽略蒙哥也是位卓越的投資者。曾經參加柏克夏的年度大會，或詳讀《傑出投資人文摘》（*Outstanding Investor Digest*）的人，或許可以體認到他的智慧。

巴菲特回憶：「我是在一九六〇年遇到蒙哥並且告訴他，雖然學習法律是一項不錯的嗜好，但是如果你從事別的行業會更成功。」蒙哥當時剛從哈佛大學法學院畢業，並在洛杉磯開業，生意蒸蒸日上。巴菲特後來說服查理轉行從事投資，而蒙哥也不負眾望，他的投資天份可以從表3-3看出來。巴菲特認爲蒙哥的投資組合集中持有少數股票，所以投資報酬率變動得比較大。但是蒙哥也是採取同樣的選股策略，買進股價被低估的股票。蒙哥依循著葛拉漢的選股策

表3-3 查理一蒙哥合夥公司的年平均成長率

時間	查理一蒙哥合夥公司（%）	道瓊工業指數（%）
1962	30.1	-7.6
1963	71.7	20.6
1964	49.7	18.7
1965	8.4	14.2
1966	12.4	-15.8
1967	56.2	19.0
1968	40.4	7.7
1969	28.3	-11.6
1970	-0.1	8.7
1971	25.4	9.8
1972	8.3	18.2
1973	-31.9	-13.1
1974	-31.5	-23.1
1975	73.2	44.4
平均報酬率	24.3	6.4
標準差	33.0	18.5
最小値	-31.9	-23.1
最大値	73.2	44.4

略，只挑選股價低於內部價值的股票，他願意接受操作績效變動較大的挑戰，同時他也傾向接受集中持股的投資布局。

注意到巴菲特不使用「冒險」這兩個字來形容蒙哥的績效表現。如果一味用股價波動的傳統定義來衡量所謂的風險，蒙哥的投資組合看起來簡直是驚濤駭浪，因爲他的標準差幾乎是市場標準差的兩倍。但從年平均報酬率來看，蒙哥可稱得上是位卓越的投資人而不是冒險者，因爲他只會去投資少數價格遠低於內部價值的股票。

諾內與水杉基金

巴菲特在一九五一年哥倫比亞大學選修葛拉漢的「證券分析」時認識諾內，這兩位同班同學一直保持連絡，巴菲特很欣賞諾內數年來的操作績效。一九六九年巴菲特結束原先合夥事業後，他和諾內連絡並問諾內是否願意爲巴菲特的客戶成立一個基金，這就是「水杉基金」的由來。

他們兩人都知道那時並非成立共同基金的好時機，但諾內還是一頭栽下去做。當時股市主要分爲兩大類股，大部分的熱錢都流向知名大型藍籌股，譬如今天的ＩＢＭ公司或全錄公司（Xerox），但是一些不知名但很有價值的股票卻乏人問津。雖然巴菲特認爲價值導向型投資的初期，績效很難看得出來，但巴菲特說：「我很高興也很感謝我的合夥人們不但沒有贖回資金，還持續加碼，不過他們的獲利也很令人滿意。」

水杉基金首開核心投資的風氣，因爲從水杉基金公開的持股記錄來看，我們很清楚的看到諾內及他的夥伴瑞克．卡尼夫（Rick Cuniff）以低周轉率的核心投資方式來操作基金。水杉基金通常將其百分之九十的資金投資在六到十家的績優公司，雖然持股相當集中，但他們盡量選擇業務性質不重疊的企業。諾內表示水杉基金是一個核心投資型態的基金，但水杉所持有的企業卻南轅北轍，其中包括商業銀行、製藥廠、汽車公司和產物保險公司等。

與大多數基金經理人的看法相比，諾內的觀點相當獨特，通常大部分的基金經理人對於投

表3-4 水杉基金公司的年平均成長率

時間	水杉基金（%）	標準普爾500指數（%）
1971	13.5	14.3
1972	3.7	18.9
1973	-24.0	-14.8
1974	-15.7	-26.4
1975	60.5	37.2
1976	72.3	23.6
1977	19.9	-7.4
1978	23.9	6.4
1979	12.1	18.2
1980	12.6	32.3
1981	21.5	-5.0
1982	31.2	21.4
1983	27.3	22.4
1984	18.5	6.1
1985	28.0	31.6
1986	13.3	18.6
1987	7.4	5.2
1988	11.1	16.5
1989	27.9	31.6
1990	-3.8	-3.1
1991	40.0	30.3
1992	9.4	7.6
1993	10.8	10.0
1994	3.3	1.4
1995	41.4	37.5
1996	21.7	22.9
1997	42.3	33.4
平均報酬率	19.6	14.5
標準差	20.6	16.4
最小值	-24.0	-26.4
最大值	72.3	37.5

資組合會有先入爲主的想法，然後再去購買不同的股票以滿足其主觀的預期。但諾內和卡尼夫會先想好要選擇哪些可能的績優股，然後自然形成他們的投資組合。

選擇績優股需要相當程度的研究，諾內和卡尼夫對選股策略也和別家公司不同，因此被譽爲最聰明的基金公司。他們寧可自己慢慢研究每家可能投資標的資料，也不願參考華爾街營業員提供的速成報告。諾內也曾說過：「我們很少想要用什麼頭銜表示身份，如果眞要有什麼頭銜的話，我寧願名片上只印『研究員比爾．諾內』就夠了。」

這種想法在華爾街很少見，諾內說：「人們一般都認爲研究員是剛入行從事研究分析的菜鳥，日後再高升爲比較受人尊重的基金經理人一職，因此感覺上基金經理人好像高人一等。我們公司剛好持相反的政策，我們認爲作爲一名長期的投資者，研究分析的工作是最首要的工作，如果研究分析的工作很扎實，自然就具備操作投資組合的能力。」

到底這家公司用什麼方法爲股東們賺錢？表3-4是水杉基金從一九七一年到一九九七年的記錄，在這段時間內，水杉基金的年平均報酬率高達一九．六％，同期的標準普爾五〇〇股價指數的漲幅僅一四．五％。和其他核心投資組合一樣，水杉基金高於水準的報酬率，也曾經過一段顚簸震盪的過程。這段期間內整體股市成長率的標準差是一六．四％，而水杉基金的報酬率標準差卻達二〇．六％。或許這樣的標準差會讓人覺得水杉基金投資組合的風險很高，但諾內和卡尼夫在選股上所花的精神，足以降低任何風險，因此傳統的風險組合觀念，不能用來衡量水杉基金的風險。

辛普森與蓋可保險

一九九六年初，柏克夏－哈薩威公司收購了蓋可汽車保險公司（GEICO. Inc.），當時蓋可公司是全美第七大汽車保險公司，從此開啓了一段長期互利的關係。

凡是跟巴菲特工作過幾年的人，都相當熟悉蓋可公司的名字，因爲蓋可公司在柏克夏－哈薩威公司的體系內一直占有很重要的份量。巴菲特是在一九五一年經由他的老師葛拉漢介紹認識這家公司，葛拉漢當時是這家公司的董事。在一月某個星期天早晨的寒風中巴菲特來到這家公司總部，希望能更了解這家公司的狀況。向巴菲特作簡報的是羅瑞爾．大衛森（Lorimer Davidson），當時羅瑞爾只是總經理特別助理，後來晉升爲該公司的執行長。

當巴菲特回到故鄉爲他父親的證券經紀公司工作，便開始介紹客戶持續買進蓋可公司的股票。巴菲特甚至針對蓋可公司寫了一份研究報告，刊登在《商業金融紀事報》（*The Commercial and Financial Chronicle*）上，標題是〈我最喜歡的投資標的〉（The Security that I like Most）。一九五一年底巴菲特把他所有資產的六五％，大約是一萬美元，統統投資在蓋可保險公司上。

一九七〇年代初期蓋可保險公司遭遇到一些問題，多年來的削價競爭造成的損失幾乎拖垮這家公司。巴菲特這時仍然堅持他的看法，認爲蓋可保險公司只是短暫性的營運不當所以股價超跌。到了一九八〇年巴菲特透過柏克夏－哈薩威公司，以四千五百七十萬美元的代價，取得蓋可保險公司約三成三的股權。

同一時間巴菲特延攬了一位對蓋可保險公司財務有極大助益的人，他就是辛普森。

辛普森是普林司頓大學經濟學碩士，在一九七九年被巴菲特延攬到蓋可保險公司之前，曾在安坦．諾依和法漢公司（Stein Roe & Farnham）及西方資產管理公司（Western Asset Management）工作。從面試開始巴菲特就認爲辛普森深具投資天份。

辛普森從不閱讀華爾街的任何研究文件，反而大量熟讀企業的年度報告。他的選股方式和巴菲特很類似，只選擇那些經營管理上軌道的高獲利企業，然後等待時機用合理的價錢投資。他和巴菲特另外相同的地方是持股種類少，蓋可保險公司可投資資金高達數十億美金，但同時期投資組合中的股票不超過十檔。

從一九八〇到一九九六年，蓋可保險公司股票年報酬率高達二四．七%，領先大盤指數的成長率一七．八%（見表3-5）。巴菲特認爲這種報酬率不但令人驚喜，更重要的是他們掌握了正確的投資策略。辛普森只買股價被低估的股票，所以不容易造成大損失，可說是接近零風險的

表3-5　蓋可保險公司的年平均成長率

時間	蓋可保險公司股價（%）	標準普爾500指數（%）
1980	23.7	32.3
1981	5.4	-5.0
1982	45.8	21.4
1983	36.0	22.4
1984	21.8	6.1
1985	45.8	31.6
1986	38.7	18.6
1987	-10.0	5.1
1988	30.0	16.6
1989	36.1	31.7
1990	-9.1	-3.1
1991	57.1	30.5
1992	10.7	7.6
1993	5.1	10.1
1994	13.3	1.3
1995	39.7	37.6
1996	29.2	37.6
平均報酬率	24.7	17.8
標準差	19.5	14.3
最小值	-10.0	-5.0
最大值	57.1	37.6

操作。巴菲特認爲股票價格的波動性絕對無法作爲衡量投資風險的指標，眞正的投資風險在於，投資標的在一段期間是否能產生利潤。

辛普森的投資風格和巴菲特的觀念十分接近，巴菲特說：「辛普森保守而集中的選股策略和我們在柏克夏公司的手法一致，他的加入將使我們如虎添翼。我很少會完全將資金及操作權交給一個人，但我可以放心交給他。我確定如果我和蒙哥不在的話，辛普森一定可以管理好柏克夏公司。」

凱因斯、巴菲特、蒙哥、諾內、辛普森這些超級投資人，傳承了巴菲特學派的投資策略。他們會去購買那些安全係數高的股票（股價遠低於內部價值的股票），他們也都認爲集中資金於少數股票不僅可以降低風險，還可以大幅提高獲利空間。

看完了這些人的投資實例，也許還有人會質疑他們所以會成功，可能是因爲彼此的關係不錯，所以大家相互幫忙造成的。但事實上他們都投資不同的股票，巴菲特沒有蒙哥的持股，蒙哥也沒有諾內的持股，諾內沒有辛普森的持股，所有人也都沒有凱因斯的持股。

還有人可能會進一步質疑，五個核心投資例子，不足以代表他們的操作策略可以放諸四海皆準。畢竟投資界有成千種組合，他們的成功或許只是偶然。

這樣的疑問其實很自然，爲了要證明他們的成功不是統計上的偶發事件，我們必須深入分析更多的例子。但是很不幸地，我們並沒有許多核心投資人的記錄可供查驗，我只好利用統計學的方法，虛擬出一二、〇〇〇組投資組合來分析結果。

虛擬核心投資者

我們從電腦資料庫選出從一九七九年到一九八六年一共一二、〇〇〇家的上市公司，這些公司的相關資料如營業獲利和股東報酬率等都收錄得很完整，然後我們用電腦從這一二、〇〇〇家公司中隨機選擇，組成下列一二、〇〇〇種不同的投資組合。

1. 三、〇〇〇種組合持有二五〇種股票
2. 三、〇〇〇種組合持有一〇〇種股票
3. 三、〇〇〇種組合持有五〇種股票
4. 三、〇〇〇種組合持有一五種股票

然後我們將這四組，依持股十年和十八年的平均年報酬率繪成圖3-1和圖3-2，接著再將這四組的報酬率和同一時期的標準普爾五〇〇指數的漲跌幅作比較。從所有的數據和圖表中我們發現一個重要的現象，投資組合中的持股種類愈少，獲利率高的機率就愈大，而且超過市場漲幅也最多。

如果我們深入一點分析，先看持股十年的表現（如圖3-1），四類的投資組合平均報酬率都在一三．八%附近，但代表市場的標準普爾五〇〇指數的漲幅卻更高，大約是一五．二%。大家必須留意兩個現象，首先標準普爾五〇〇指數是被大型公司主宰的加權指數，其次要注意的是

圖3-1 持股十年的表現（1987-1996）

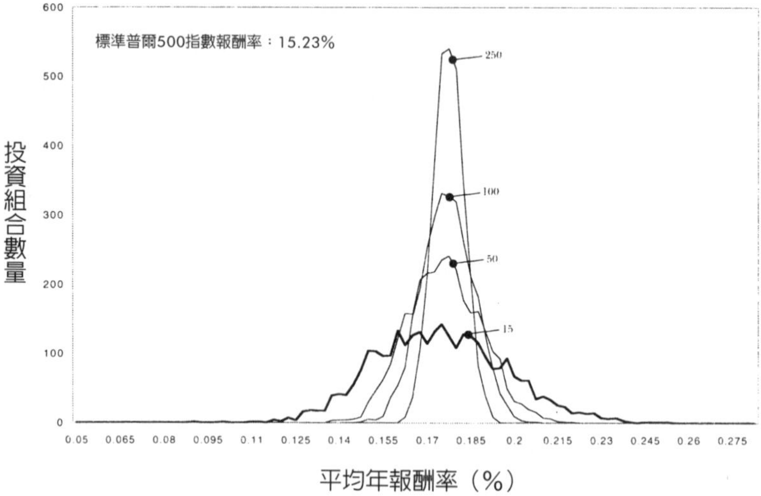

圖3-2 持股十八年的表現（1979-1996）

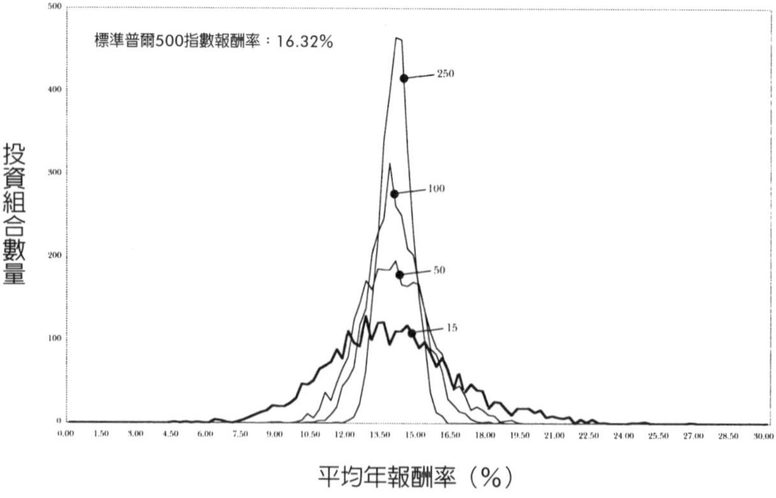

這段時間內大型股表現比較優異。但我們虛擬的研究裡，投資組合內的股票不只限於大型股，還有中小型公司股票。所以這四組的表現和大盤指數的表現都差不多。

進一步觀察每一類股中表現最糟和最好組合的差異，可以發現幾個有趣的現象：

- ●在持有二五〇種股票的組合中，獲利率最好的達一六%，獲利率最差的達一一．四%。
- ●在持有一〇〇種股票的組合中，獲利率最好的達一八．三%，獲利率最差的達一〇．〇%。
- ●在持有五〇種股票的組合中，獲利率最好的達一九．一%，獲利率最差的達八．六%。
- ●在持有一五種股票的組合中，獲利率最好的達二六．六%，獲利率最差的達四．四%。

這一類組稱得上是此研究中的核心組合類組，也只有這一組中最好的投資報酬率，能大幅領先標準普爾五〇〇股價指數的漲幅。

接著來看圖3-2中持股續抱十八年的結果，我們會發現這四組結果大致與十年期的結果相同。持有股票種類愈少的組合所產生的報酬率最好，比持股種類較多的組合所產生的最高報酬率還要來得高。但持股種類少的組合帶來最差的報酬率，也比持股類多的組合報酬率來得低。

因此我們大致可歸納為二點結論：

一、核心投資法的績效較有可能超越市場漲幅。

二、核心投資法的跌幅也較有可能高於市場跌幅。

爲了印證上述第一個結論，我們再次分析十年期各組的資料，從中發現下列現象：

●持有一五檔股票的組合中，三、〇〇〇組中有八〇八組獲利超越市場表現。

●持有五〇檔股票的組合中，三、〇〇〇組中有五四九組獲利超越市場表現。

●持有一〇〇檔股票的組合中，三、〇〇〇組中有三三七組獲利超越市場表現。

●持有二五〇檔股票的組合中，三、〇〇〇組中有六三組獲利超越市場表現。

以上結果可以發現，持有股票種類愈少報酬率高的可能性就愈大。持有十五檔股票的組合中，報酬率超過市場表現的機率達四分之一。持有二五〇檔股票的組合中，報酬率超過市場表現的機率僅有五十分之一。

另外值得注意的是，在這份研究中我們並未將交易手續費算進去。如果進出頻繁而周轉率高，投資成本自然提高。也就是說如果我們將交易手續費併入計算，每組的投資報酬率將變得更差，超越市場表現的機會相對變小。

剛才第二個結論，核心投資法的跌幅也較有可能高於市場跌幅，更證明了愼選股票的重要性。巴菲特這群超級投資人個個都是選股專家，正確選股的能力不是偶然從天上掉下來的，需要平日的努力。如果你選錯股票績效很有可能慘不忍睹。但如果我們研究柏克夏－哈薩威公司的投資組合，我們可以從中找出選股的靈感，因爲這些觀念都是核心投資人奉爲圭臬的重要投資策略。

柏克夏—哈薩威公司

過去三十年來（一九六五年到一九九七年），柏克夏—哈薩威公司的每股淨值以年成長率二四．九%的速度成長，這個速度大約是標準普爾五〇〇指數的兩倍（見表3-6）。依照這個速度成長，幾乎每二．九年公司每股淨值會增加一倍，所以柏克夏—哈薩威公司造就無數的百萬富翁。因爲他們的財富等於是以超乎水準的成長率，以複利成長的方式成長了三十年。

每股淨值是判斷公司是否成長的指標，但它同時也可能使我們對投資組合分析產生困擾。柏克夏公司的淨值包括了股票的投資、債券的投資和相關的轉投資企業。而使柏克夏公司資產淨值大幅增加的投資有西斯糖果連鎖店（See's Candy Shop）、內布拉斯加傢俱店（Nebraska Furniture Mart）、水牛城新聞報（Buffalo News）、飛安航空公司（Flight Safety）、史考特．費茲公司（Scott Fetzer）。如果我們硬將柏克夏公司投資組合中的非股票投資部分刪除來看，結果可能更讓人大開眼界。

讓我們來看柏克夏公司年報中從一九八八年到一九九七年的股票投資細目表，並且單純只

表3-6 柏克夏-哈薩威公司年平均成長率

年	柏克夏每股淨值（%）	標準普爾500指數值（%）
1965	23.8	10.0
1966	20.3	-11.7
1967	11.0	30.9
1968	19.0	11.0
1969	16.2	-8.4
1970	12.0	3.9
1971	16.4	14.6
1972	21.7	18,9
1973	4.7	-14.8
1974	5.5	-26.4
1975	21.9	37.2
1976	59.3	23.6
1977	31.9	-7.4
1978	24.0	6.4
1979	35.7	18.2
1980	19.3	32.3
1981	31.4	-5.0
1982	40.0	21.4
1983	32.3	22.4
1984	13.6	6.1
1985	48.2	31.6
1986	26.1	18.6
1987	19.5	5.1
1988	20.1	16.6
1989	44.4	31.7
1990	7.4	-3.1
1991	39.6	30.5
1992	20.3	7.6
1993	14.3	10.1
1994	13.9	1.3
1995	43.1	37.6
1996	31.8	23.0
1997	34.1	33.4
平均報酬率	24.9	12.9
標準差	13.0	16.4
最小值	4.7	-26.4
最大值	59.3	37.6

看那些上市公司股票的投資，不去看那些未上市股票的投資。這些未上市股票投資，在整體股票投資組合中只占很小的比例，所以將之排除在外並不會對結果有任何改變。

另外一點比較麻煩的就是，柏克夏公司只有在年底時才公布其投資持股內容，其他相關細節我們並不了解，例如巴菲特可能在年中任何時間買進股票，所以很難精確算出年報酬率。但是爲了分析方便，我們都假設在一月一日起持有這些股票並且持股一年。由於我們是以十年的年平均報酬率來分析，所以一年內買進持股時間不同所造成的些微差距，應不致對結果有太大的影響。

表3-7顯示這些股票的年平均報酬率達二九．四%，遠超過標準普爾五○○指數一八．

表3-7　柏克夏股票投資年報

年	股票投資報酬率（%）	平均加權報酬率（%）	2%加權報酬率（%）	標準普爾500報酬率（%）
1988	11.9	11.0	16.0	16.6
1989	53.1	38.3	32.3	31.7
1990	2.7	-9.8	-3.9	-3.1
1991	55.5	52.7	33.5	30.4
1992	24.2	31.1	11.4	7.6
1993	11.7	19.5	11.6	10.1
1994	15.3	8.0	2.6	1.3
1995	43.6	43.2	38.3	37.6
1996	37.5	29.6	24.0	23.0
1997	38.5	46.1	35.4	33.4
年平均報酬率	29.4	27.0	20.1	18.9

九%的漲幅。只要知道巴菲特投資事蹟的人，都知道他很喜歡可口可樂公司這個投資案。他幾年來對可口可樂公司大舉加碼買進股票，使他的獲利相當豐碩。從一九八八年巴菲特就開始買可口可樂公司股票，所投入的資金大約占柏克夏公司可投資資產的五分之一。

一九九一年到一九九七年間，可口可樂公司股票占柏克夏公司所有的股票投資比例從三四．二%提高到四三%。而可口可樂公司股票在這十年來的年平均報酬率如何呢？幾乎是一般市場漲幅一八．八%的兩倍，大約是三四．七%。巴菲特持續加碼可口可樂股票，獲利非常驚人，因爲他通常會在他認爲獲利率高時大幅加碼。

如果巴菲特並沒有集中加碼獲利率高的股票，而只是每年平均分配資金在投資組合中的股票上，他的獲利情形會如何呢？如果要平均分配資金，當投資組合的規模變大時，他必須隨時將持股比例較高的股票賣出，轉進持股比例較低的股票。如此一來柏克夏公司股票投資組合的報酬率爲二七%，比起集中加碼重要的持股方式，大約少了約二一．五%的報酬率。

再讓我們假設，如果巴菲特選擇較分散的投資組合（持有五十檔股票），而非集中型投資組合，同時再假設柏克夏公司股票投資組合內的每一檔股票，都只占總投資規模的二%而已。我們會發現，以巴菲特等人的超強選股能力，如果沒有集中持股和加重特別看好的股票的持股比例，這種平衡型的投資組合，在這段期間年平均報酬率約二〇．一%，僅比整體市場報酬率高約一．二％而已。

檢視這些數據，我們發現只有集中持股的核心投資法才有最高的報酬率。持股比例較分散的投資組合，雖然表現仍比市場好，但只有小幅領先不到三％。而假設持股種類分散到五十檔股票（詳見附錄A-1～A-10），持股比例各占總投資資產二％的模擬投資組合，雖然年平均報酬率可超越市場表現，但表現最差的時候卻比市場表現還低九％。

這個試驗就如同我們之前作的十五檔、五十檔、一〇〇檔、二五〇檔虛擬投資組合，目的是要透過這種模擬組合，證明將資金高度集中於高獲利企業的核心投資策略會獲得最高的報酬。相反地，若過度增加投資組合內的股票檔數，同時平均分配資金在各股上，投資組合的報酬率將和市場漲幅差不多。但是如果加計所有費用如手續費、佣金等成本，你就會發現在眞實環境下想要以這種方法打敗市場漲幅相當困難。

大衆是盲目的

一九八四年在哥倫比亞大學的一場演講，巴菲特開玩笑的說：「如果每個人都依循核心投資法的方式操作，我的獲利就會減少很多，因爲所有股票的內部價值與股價就會愈接近。」但是他很快的又補充說：「不過從以前的經驗看來，情形絕對不會如此發展。」

巴菲特說：「自從五十年前葛拉漢、陶德出版了《證券分析》這本書，核心投資法的秘訣就不再是個秘密。但是我從事投資這行三十五年來，沒有看到任何集體轉向這種投資方法的趨勢。」人們的壞習慣，就是喜歡把簡單的事情複雜化。

他當時說的也許成眞。二十年後的今天，人們還是沒有大舉採用核心投資法的策略。只要回想一下，我們剛剛都還需要借用電腦模擬投資組合以驗證核心投資法的獲利性，你就知道市場上有多少人在採用這個方法。

巴菲特說：「現在的投資，似乎離當初價值導向型投資策略的中心思想愈來愈遠了……這種情形應該不會有任何改善。就像當年地球是圓的眞理被發現時，盲目的大眾仍不肯放棄『陸地是平的』舊觀念一樣。市場上股價和企業內部價值的差距仍將存在，堅持跟隨葛拉漢和陶德理念的人仍可從中獲利。」

第四章　另類績效評估指標

當股價可以被華爾街的一群人所扭曲，這群人中有些非常情緒化、極端貪婪或徹底失望，此時我們很難相信股價能合理的反映價值。事實上，股價常常是不可理喻的。

——華倫．巴菲特

巴菲特認爲市場價格常常是無法理解的。如果他的看法是對的，那麼用價格作爲公司經營績效的唯一指標，就是一件很荒謬的事。然而事實上我們卻習以爲常，因爲整個投資業都是價格導向。如果某檔股票價格上漲，大家就認爲將有利多消息出現。反之，如果股票價格下跌，我們就認爲有利空消息將要發生。如果價格無法完全合理反應公司的經營實況，那我們根據其上漲或下跌所作的決定是合理的嗎？

另一個愚昧無知的習慣，就是只用很短的時間評估股價的表現。巴菲特認爲：「我們不但錯誤的以價格作爲衡量指標，而且我們太過重視股價短線的波動，並且太快對我們不喜歡看到的股價波動作出決定。」

這種價格導向、短線考量是非常愚蠢且錯誤百出的思考方式。可是這種思考模式卻充斥整個投資業界，有些人爲了查詢股價而天天打電話給營業員，甚至將其電話號碼設定爲快撥鍵。管理上億資產的基金經理人隨時準備在彈指之間進行買賣交易；基金經理人的投資組合周轉率總是高得驚人，他們以爲這就是基金經理人應該做的事。

令人不解的是，這些經理人卻常常告誡他們的客戶要以平常心面對股價的波動，下跌的時候不要慌張。他們甚至會寄信再三向客戶保證，不需要贖回基金，應該繼續長期投資。爲什麼他們說的和做的差那麼多？

共同基金的雙重標準

這個矛盾特別容易從他們操作共同基金時觀察出來。基金經理人的一舉一動幾乎都完全被財經媒體紀錄下來供投資大眾參考，由於有了這麼多有用的資訊，而且共同基金又廣爲大家所熟悉了解，我相信可以從觀察共同基金的運作模式，來了解價格導向的評估方式有多愚蠢。

一九九七年後期，喬瑟夫・諾西亞（Joseph Nocera）刊登在《財星》（*Fortune*）雜誌上的一篇文章中指出，基金經理人常常建議客戶採取「買進並持有」策略，可是自己卻頻頻在投資組合中買進賣出股票，兩者之間似乎存在著明顯的矛盾。爲了強調基金經理人的這種雙重標準，諾西亞特別引用晨星公司（Morningstar）唐・菲利普（Don Phillips）的話：「所有基金的實際操作方法和他們所告訴投資人的方法，的確存在很大的差異。」

簡單的說，如果基金經理人對投資人的投資建議是買進並長期持有，爲什麼經理人自己卻每年瘋狂的買進及賣出股票。諾西亞認爲：「答案就是共同基金的特性迫使基金經理人無法不重視短期績效，因爲共同基金這行業已經變成一個完全以價格衡量爲標準，以短期操作績效爲目標的遊戲。」

現今的基金經理人背負著極大壓力，必須隨時創造短線操作的績效，這些績效數字會吸引許多人的注意，例如一些著名的刊物如《華爾街日報》（*Wall Street Journal*）及《貝隆》（*Barron's*）雜誌每三個月都會公布共同基金的季績效排行榜。三個月內操作績效最好的基金會排在第一名，並且接受理財評論家在電視或在報紙上的讚揚；基金公司會同時做行銷廣告自吹自擂，企圖吸引另一群新的客戶投入資金；投資人也會等著看排行榜中哪位基金經理人手氣最旺。事實上很多人利用每一季的操作績效排行榜，區分誰是天縱英明的經理人和誰是表現平凡的經理人。

這種專注於短期操作績效的現象，在共同基金業界非常明顯，而這種急功近利的想法並非只存在他們的腦海裡，事實上所有投資人都已經被傳染到相同的思考模式。我們已經沒有過去那種以長期績效來評估經理人表現的環境，就連自己做投資的投資人也被不健康的環境所影響。

我們在很多方面已經成為這種行銷機器的奴隸，永遠只能得到較差的報酬。我們似乎已被困在錯誤的惡性循環中，沒有辦法脫困。我們已經學到一種方法可以有效提升投資報酬率，諷刺的是，這種經過時間證實可以產生高於一般平均水準報酬率的策略，和共同基金經理人或大部分投資人的操作策略相當不同。

龜兔賽跑

一九八六年，哥倫比亞大學商學院校友同時也是美國信託基金操盤人尤金．沙漢（V. Eugene Shahan）針對巴菲特所說的「葛拉漢和陶德學派的超級投資人」寫了一篇文章，文章題目是〈短期操作績效與價值導向的投資策略是否互相衝突？〉（Are Short-term Performance and Value Investing Mutually Exclusive?）沙漢在文章中問了一個我們現在常問的問題：「如何用短期操作績效來衡量一名基金經理人的能力？」

他在文章中提到：「除了巴菲特以外，其他許多被巴菲特形容爲技術超凡入聖的超級投資人，也都曾經有過短期績效不佳的低潮期。」就如同投資理財版的龜兔賽跑一樣，沙漢表示：「投資人太過於錙銖必較短期的績效。雖然短線操作績效可能令他們安心，但他們卻因小失大放棄長期獲利，這眞是人生一大諷刺。而葛拉漢和陶德學派的超級投資人豐碩的投資成果，是完全不靠追求短線績效得來的。」他認爲如果依目前基金績效的衡量標準來看，這些葛拉漢和陶德學派的超級投資人將完全不受投資人重視。

追求短期績效的迷思

同樣的情形也曾發生在第三章中提到的五位巴菲特學派的超級投資人。從表4-1可以看到這五位核心投資人也曾經度過幾個低潮的階段，只有巴菲特從未遇到任何低潮的困擾。

管理寶櫃基金有十八年之久的凱因斯，操作績效有三分之一的時間低於市場漲幅，而且他在前三年的基金操作績效遠低於大盤漲幅達一八％之多（見表4-3）。

相同的情況也發生在水杉基金上，在過去十七年的操作中，有三七％的時間績效低於大盤（見表4-1）。就像凱因斯一樣，諾內也有操作不順的階段。諾內表示：「在那幾年我們曾被市場暱稱爲『操作失敗大王』，因爲我們的績效很差，而且曾經在水杉基金成立後連續四年績效低於

表4-1　巴菲特學派超級投資人的績效 1

	操作經歷（年）	績效欠佳時間（年）	績效欠佳時間占全部時間的比例（%）
凱因斯	18	6	33
巴菲特	13	0	0
蒙哥	14	5	36
諾內	27	10	37
辛普森	17	4	24

表4-2　巴菲特學派超級投資人的績效 2

	落後大盤漲幅的次數
凱因斯	3
巴菲特	0
蒙哥	3
諾內	4
辛普森	1

表4-3　巴菲特學派超級投資人的最差操作績效

	落後大盤漲幅的最差操作績效（%）
凱因斯	-18
巴菲特	N/A
蒙哥	-37
諾內	-36
辛普森	-15

標準普爾五〇〇股價指數的漲幅。」

到了一九七四年底，水杉基金的報酬率已經遠遠比市場漲幅低三六%，「我們那時躲在桌子底下不敢接聽電話，搞不清楚這個風暴是否能結束。」還好這個風暴終於結束了。到了一九七六年底時，水杉基金的報酬率在過去五年半的表現高於大盤漲幅約五〇%，而到一九七八年的時候，水杉基金的報酬率高達二二〇%，而標準普爾五〇〇股價指數在這段期間內只成長了六〇%。

蒙哥也因採用核心投資策略而必須面對股價上沖下洗的困境，在過去十四年裡蒙哥的績效有三六%的時間低於大盤漲幅。如同其他的核心投資人一樣，他也曾有過一連串的霉運。從一九七二到一九七四年，蒙哥的操作績效低於大盤三七%。辛普森在他十七年的投資操作過程中有四年的時間績效落後大盤漲幅，

表4-4　核心投資組合十年績效（1987－1996）

打敗／落後大盤的年數	持股數量	百分比
10-0	0	0.00
9-1	1	0.12
8-2	20	2.48
7-3	128	15.84
6-4	272	33.66
5-5	261	32.30
4-6	105	13.00
3-7	21	2.60
2-8	0	0.00
1-9	0	0.00
0-10	0	0.00

相當於二四%的時間，而他最差的一年操作績效是低於大盤一五%。

當我們分析用電腦模擬出來的所有投資組合，意外的發現了一個同樣的趨勢（見表4-4）。在三、〇〇〇組持有十五檔股票的投資組合中，有八〇八組在十年的報酬率打敗大盤（一九八七—一九九六）。但在這八〇八組裡面，卻有將近九七%的組合，在十年中有幾年報酬率無法打敗大盤的紀錄，分別有四年、五年、六年甚至七年的績效部落後大盤。

你能想像如果凱因斯、蒙哥、辛普森和諾內從今天才開始他們的基金經理人生涯嗎？在如今這種只看一年短線操作績效的環境裡，他們的成就會如何，實在令人難以想像！他們很有可能因爲造成客戶短期的虧損而被公司永遠冰凍起來。

但值得爭議的是，由於核心投資法有時得容忍幾年較差的報酬率，這使我們面臨了一個非常實際的問題：我們如何能用價格導向去衡量一名優秀的經理人？他可能有一年或三年較差的績效，但最終卻能獲得較長期的卓越績效；或者他未來才將要面臨一連串的霉運，我們根本無法知道。

但這並不是說我們不曾嘗試找尋這個答案。

基金績效與持續性無關

學術界及研究人員花費許多年的努力，試圖找出什麼樣的基金經理人和什麼樣的投資策略最有可能擊敗大盤表現。著名的《金融日報》（*Journal of Finance*）在過去幾年中曾刊載幾篇文章，這些文章根據過去許多知名大學做過的研究，深入探討一個非常基本的問題：共同基金的績效是否有規則可尋？雖然這些學者和教授針對這個問題已經提出不少想法與分析，但卻無法得到一個令人滿意的的答案。

在這些研究中有四個是針對學術性名詞「持續性」（persistence）所做的探討。也就是說投資人是否可以根據基金經理人最近的績效表現，來決定是否投資他們所操作的基金？投資人通常相信基金經理人過去的績效紀錄是未來績效的指標，這使得市場資金都會去追逐過去績效表現最好的基金。當這種投資決定是以一年作爲衡量的單位（也就是說去年的勝利者很有可能也是下一年的贏家）時，我們稱這種現象爲「搶手現象」（Hot Hand）。這也就是說我們想要用過去短期的績效，預測未來哪支基金報酬率會比較高。實際上的確是如此嗎？這些研究試著想要發現彼此間的關連性。

從南加州大學商學院的馬克・卡哈特（Mark Carhart）和普林斯頓大學的波頓・麥可教授

（Burton Malkiel）分別做過的研究中，我們發現「績效」與「持續性」沒有任何的相關性。另外三位哈佛大學甘迺迪學院的教授達葉爾·漢崔克斯（Darrnyll Hendricks）、傑英度·派多（Jayendu Patel）和理查·札克豪斯（Richard Zeckhauser）共同分析過去十五年的資料得到的結論是：今年最搶手基金經理人的基金，並不保證他的基金明年仍會搶手。

紐約大學商學院的史帝芬·布朗（Stephen Brown）和耶魯大學企管學院的威廉·考茲曼（William Goetzmaun）所做的研究指出，追求基金的「持續性」是共通的投資策略。換句話說，我們會發現許多經理人爲了要持續成爲搶手的基金經理人而採用相同的策略。

雖然學術界都努力地從不同的方向探討這個問題，但所有的研究結果似乎都有類似的結論，那就是投資人無法用任何方法預測出未來表現最好的基金。投資人最後淪爲在幾支搶手基金之間換來換去，無法眞正提升獲利，因爲搶手的程度只用價格波動作爲唯一的衡量標準是不夠的。

我們可以很容易想像巴菲特會如何看待這些學術研究結果。對他而言，這些學術研究結果所代表的意思很明顯：我們不能依賴股價作爲唯一的衡量工具，更必須拋棄以短線績效作爲投資決策的指標。

但如果價格不是最好的衡量工具，那麼要用什麼替代？因爲即使是「買進並持有」的策略，並不表示從此可以高枕無憂，我們必須找到另一個衡量績效的標準。幸運的是我們的確還有一個衡量標準，也是巴菲特用以評判他個人及柏克夏－哈薩威公司績效的方法。

巴菲特注重基本面分析

巴菲特曾經說過：「我不會在意股市如果關閉一年或兩年，畢竟像現在每週六或週日不開市也都不會困擾我，一個交易積極的市場不可否認是滿不錯的，因爲它提供我們無窮的投資機會，但開盤與否卻非絕對必要的事。」

要完全了解這段話的意義，你必須仔細思考巴菲特接下來要說的話，「長時間持有股票不作交易對我們一點都沒有影響，就像我們不會想要知道柏克夏－哈薩威公司旗下的子公司『世界書城』（World Book）和『費奇漢蒙公司』（Fechheimer）每天的報價一樣，因爲不論我們取得完全或部分投資標的的股權，所有的獲利都仍將取決於標的公司基本面的成長。」

如果你擁有一家公司，可是卻沒有每天的報價來評估它的表現，你如何能知道公司是否有進展？或許你可以評估其盈餘是否有成長，或營運毛利是否改善，或資本支出是否減少，無論如何，你都會依公司的基本面決定公司的價值是增加或減少。在巴菲特心中，評估一家上市公司績效的方法，與評估一家未上市發行公司的方法完全一樣。

巴菲特說：「蒙哥和我部認爲，應該要讓投資標的公司的營運結果告訴我們是否投資正確，而不是靠他們每天或每年的股價，市場或許會暫時忽略其公司經營的成功，但終究會反映它的價值。」

但我們能依賴市場反映標的公司的價值嗎？我們如何能找出標的公司的盈餘表現與其未來股價之間的相關性？答案是如果我們的持股時間夠長，公司的價值一定會反映在股價上。仔細觀察我們從電腦採樣的一二、○○○家公司，我們可以立即了解到在不同的時段內公司盈餘及股價之間強烈的相關性（參考附錄B）。總結來說，到底股價與公司盈餘之間的關係有多密切？我們發現時間愈長，其相關性愈強烈：

- 當股票持有三年，其相關性的區間爲○．一三一至○．三六○（相關性○．三六○即表示股價的變動有三六%是受到公司盈餘變動的影響）。
- 當股票持有五年，相關性的區間上移至○．五七四至○．五九九。
- 當股票持有十年，相關性的區間上升至○．五九三至○．六九五。
- 若投資股票達十八年之久，其相關性增加至○．六八八，這個數字代表一個相當有意義的連動關係。

這個結果支持巴菲特的理論：一家公司的股票股價在一段足夠的時間內，一定會反應公司基本面的運作情形。但他也指出，一家公司的盈餘表現和股價表現之間相互影響的過程通常不是很平均（uneven），也無法充分預期（unpredictable）。也就是說，雖然盈餘與股價在一段長時間會有較強的相關性，但股價反映基本面的時機卻很難精確掌握。巴菲特表示：「就算市場價格一段時間內都能隨時反映其企業價值，但有可能在其中的任何一年產生大幅度的變動。」

六十五年前葛拉漢也曾教過類似的課程內容，他說：「在短時間內市場是一部投票機器（voting machine），但長時間而言卻是一部累積加權機器（weightingmachine）。」

很明顯地，巴菲特並不急著要求市場認同他所相信的眞理。他說：「一家公司的成功有沒有被市場快速認同並不重要，只要公司的內部價值以令人滿意的速度成長就好。事實上，較晚的認同比較有利，因為他可以給我們充分的機會以較低的價格投資更多更好的標的。」

以總體盈餘說明

為了幫助股東了解柏克夏－哈薩威公司龐大的股票投資價值，巴菲特發明了「總體盈餘」（look-through earnings）這個說法。柏克夏公司的總體盈餘是由該公司及其轉投資公司營運盈餘的總合，加上投資股票龐大的保留盈餘，以及該公司在保留盈餘沒有配發股息的情形下必須付出的稅金提撥部位。

保留盈餘是：公司全年盈餘沒有以股息的方式配發給股東，反而再投資回公司的資金。許多年來柏克夏公司的保留盈餘來自於驚人的股票投資報酬，包括可口可樂、聯邦房屋貸款公司、吉列刮鬍刀公司、《華盛頓郵報》及其他不錯的公司。到了一九九七年公司保留盈餘總金額達到七億四千三百萬美金，不過根據現在一般會計原則（general accepted accounting principles；GAPP），柏克夏公司不能在損益表中公布其每股保留盈餘。儘管如此，巴菲特指出保留盈餘還是有其明顯的衡量價值。

原本這個總體盈餘的方法是設計給柏克夏公司的股東做參考，但它同時也提供核心投資人檢視投資組合的指標，尤其是當股價常常無法隨時完全反映公司基本面的時候。巴菲特說：「每一位投資人的目標就是建立可以在未來十幾年還能產生最高總體盈餘的投資組合。」

從一九六五年巴菲特掌控柏克夏－哈薩威公司以來，該公司的總體盈餘一直與公司的股票幣值等速成長，但是兩者的成長也不是一直都是亦步亦趨的，許多時候盈餘會比價格先反應（尤其是當葛拉漢口中的市場先生（Mr.Market）表現比較低迷的時候）。同樣地，有時價格比盈餘先反應（當市場先生特別激昂興奮的時候）。但是無論如何，彼此的關聯性必須經過長時期才會正常反應。巴菲特安慰的說：「這種方式會迫使投資人思考標的公司的長期遠景，而不只是短線的題材，如此操作績效才會進步。」

以經驗為師

當巴菲特考慮加入一項投資前，他會先與已經擁有的投資做比較，看新的投資是否會表現得更好。柏克夏公司已經擁有一個完備的評估指標來衡量新的投資案，因爲它過去有許多不錯的投資案可供比較。蒙哥強調巴菲特所說的方法對於任何投資人都非常實用。對於一般大眾而言，最好的評估指標就是自己已經擁有的投資案。如果新投資案的未來潛在表現沒有比你已經擁有的好，表示它還沒有到達你的投資門檻，依此方法可以九九%檢視出你目前看到的投資案價值。用手上已經持有的投資案作評估指標，可以幫助你決定是否要割捨可能的新投資案。

你也可以用不同的方法建立自己的評估標準，例如：總體盈餘、股東報酬、安全毛利空間等。當你決定買進或賣出一檔股票時，你已經提高或降低了你的評估指標。基金經理人的工作就是長期持有績優股，而且深信未來的股價終究會反應標的公司的盈運績效。你也可能是名基金經理人，因此要想辦法提高這些評估指標。蒙哥說：「這是一個很重要的思考方向，而一般的商學院通常都不會教。」

如果再回想一下，標準普爾五○○股價指數也是一個評估指標。它是由五百家公司所組成的指標，每一家公司都有其獨立的股東報酬率。如果要超越標準普爾五〇〇股價指數的漲幅，我們必須使投資組合內所有公司的加權平均評估指標比指數來得好，本書最重要的目標，就是希望投資人能依據這種評估方法組成投資組合。

資本城市公司（Capital Cities/ABC）的負責人湯姆．莫菲（Tom Murphy）在該公司與華德．迪士尼公司（The Walt Disney Company）合併前，就完全了解這種基本面指標代表的意義。

因爲資本城市公司旗下有一群媒體公司，共同爲股東創造出可觀的盈餘報酬，莫菲知道如果一定要增加資本城市公司的價值，就必須再找一些可以提高現有公司組合的基本面指標。莫菲曾經說過：「經營者的工作不是要將火車的車廂愈掛愈長，而是要讓它跑得更快。」

你不應該因爲核心投資不強調用股價來衡量績效，就以此爲藉口不去面對檢視績效表現的責任。雖然每個市場都有其特殊現象，但是得依基本面的評估指標來解釋選股的原因與標準。採用核心投資策略的經理人不應該成爲股票市場的奴隸，但仍必須隨時注意所有投資組合公司的基本面變化。

如果核心投資經理人沒有掌握投資組合中成員的基本面變化，那麼市場先生（見第七章）還是有可能不會對你當初選股的努力作出任何正面反應。

不積極買賣股票

核心投資是一個需要長期投資的方法。如果我們去問巴菲特最佳持股的時間長度，他一定會說：「永遠。」只要這家公司的基本面表現高人一等，公司盈餘有合理的成長，就沒有必要急著出脫持股。巴菲特說：「此時一動不如一靜是最理智的決定。」

因爲不論是我們或是大多數公司經營者，都不會因爲聯準會可能調整重貼現率，或任何華爾街專家對市場的看法，而衝動地決定出脫旗下的高獲利子公司。如果大股東都不會因此出脫股票，爲什麼我們這些小股東們要急著有所動作呢？

如果你擁有一家比較差勁的公司，可能想提高持股的周轉率，因爲沒有伺機買賣股票獲利，等於長期擁有一家本業獲利差勁的公司。如果擁有一家好公司，最不想做的就是賣掉。

他表示：「如果採行長期低周轉率的投資策略，將會發現當初很少的持股，最後會自行衍生成較多的股權。如果遵照這種持股長抱策略，投資人就好像買下一群大學籃球明星未來獲利二〇%的權利一樣，這群學生有大部分會進入NBA職業籃球隊。當初投資人在他們身上的投資，也就因此水漲船高呈倍數成長。而建議投資人出脫績優的投資標的公司，就好像建議芝加哥公牛隊趕快把麥可・喬丹（Michael Jordan）賣給別隊一樣，只因爲他已經成爲隊上最重要的一員。」

我們要學著像南美洲的樹獺一樣，一旦決定持股內容後，就不要積極變動持股內容。或許那些已經習慣短線進出的基金經理人會對這種像樹獺的策略感到可笑，但它除了能使報酬水準較一般爲高之外，還有兩個好處：一、降低交易成本。二、增加稅後盈餘。任何其中一項都極具價值，更何況兩者加總在一起，對投資組合獲利會有更大的好處。

降低交易成本

平均來說，共同基金每年的周轉率大約在一〇〇％到二〇〇％之間，周轉率代表投資組合中換股的頻率。例如一位基金經理人在一年內賣出而後再買進投資組合內所有股票，或投資組合一半的持股兩次，則他的周轉率就是一〇〇％。一年內將所有持股賣出然後再買回，共計兩次的話，周轉率就是二〇〇％。但如果經理人在持股十年內，平均一年只有賣出再買進投資組合所有持股的一〇％，則周轉率只有一〇％。

以芝加哥爲總部專門研究共同基金績效表現的晨星公司指出：「全美國內三、五六〇檔基金中，周轉率愈低的共同基金績效表現，比高周轉率的基金要來得好很多。」此項研究中同時發現，在十年中周轉率低於二〇％的共同基金報酬率，高於周轉率一〇〇％的基金達一四％之多。

周轉率是所有「投資常識」中最容易在實務操作中被忽視的一環，高周轉率將增加交易成本，進而侵蝕你的投資報酬率。

增加稅後盈餘

低周轉率的基金還有另一項重要的優勢，那就是可以延遲課徵資本利得稅。諷刺的是，有些人以爲高周轉率可以增加基金收益，其實卻使賦稅義務加重。當基金經理人賣了一檔股票再買進另一檔股票，原本想要增進基金的報酬率，但由於賣了一檔獲利中的股票，表示資本利得已經實現，所以理論上每一檔新買進股票的未來獲利，一定要高於之前賣出持股所需負擔的資本利得稅，才有利可圖。

如果有員工退休基金計畫，你不須要因該計畫帶給你的盈餘或所得而付出任何稅。可是如果你個人投資共同基金，該基金所實現的任何資本利得將被移轉給股東，但你仍會被課徵資本利得稅，賣出愈多股票，就需負擔愈多稅金。

即使年底時共同基金公布出來的績效還不錯，但當你必須爲資本利得付稅時，你的稅後所得將會遠低於平均報酬。聰明的股東開始懷疑積極換股型基金所提供的報酬，是否在支付所課的稅賦之後，還能產生高於那些比較省稅的指數型基金。

除了那些免課稅帳戶的個案，稅賦是投資人負擔最大的費用，因爲它比手續費、佣金還高，而且通常也高過基金的管理費。事實上課稅已經成爲基金報酬率不佳的原因之一。

基金經理人羅伯．傑弗瑞（Robert Jeffery）和羅伯．阿諾（Robert Arnott）說：「稅對我們而言是一個天大的壞消息。」知名的《投資組合管理》（*Journal of Portfolio Management*）雜誌曾刊載他們兩人所寫的文章，題目是〈你的獲利是否足夠支應稅賦？〉（Is Your Alpha Big Enough to Cover its Taxes?）。這篇文章也引起投資界廣泛的討論，其中他們寫道：「好消息就是：還有其他投資策略可以大幅降低這些常被忽略的稅賦問題。」

簡言之，此項策略主要是解決另一個常被忽視的常識問題：未實現利益的龐大價值。當一檔股票的價格上漲，但沒有賣掉，它所增加的價值就是未實現利益。除非將股票賣掉，否則不會被課徵資本利得稅。如果你保留此資本利得，複利乘數效果會使你的獲利更爲可觀。

總而言之，投資人常常低估未實現收益的潛在龐大價值，巴菲特稱之爲「國庫贈送的無風險貸款」。爲了說明他的論點，巴菲特要我們去想像，一個價值一元的原始投資每年以成長一倍的速度增值。

如果你在第一年年底賣掉這筆投資，你的淨收入是〇．六六美元（假設三四%的稅賦）。第二年你將餘額一．六六美元拿去再投資，年底價值再增一倍，連續經過再賣掉、付稅、再投資的程序，到了第二十年底，扣除稅一三、○○○美元，你的稅後淨利為二五、二○○美元。另一方面，如果你的一美元投資每年增值一倍，而且持續不賣出到了第二十年底，扣除稅負的三五、六○○美元，你的稅後淨利為六九二、○○○美元。

複利的驚人效果

複利使價值一元的原始投資每年的價值都增加一倍。一、如果依照每年底賣出原始投資和獲利付稅後，將餘額再投資的程序持續如此做二十年，當初的一美元原始投資在二十年後變成二五、二○○美元。二、或者採取完全不賣的策略，到了第二十年底稅後淨利為六九二、○○○美元。冷靜的觀察這些數字，讓我們對一些事情更清楚。如果你不把每年的資本利得實現，經過複利計算，將會有一筆可觀的利潤，但是你的總稅賦在第二十年年底時也將會很驚人，這大概就是人們直覺感到要每年實現獲利，進而控制稅賦成長的原因。可是他們卻付出了使總報酬減少的代價。

傑弗瑞和阿諾在他們的文章中計算出當周轉率到多高時，將會對投資組合帶來負面影響。

他們算出來的答案竟然和大部分人的直覺相反，許多人認爲零周轉率時投資組合所產生的稅額最高，而當周轉率增加時稅賦將逐漸減少。但是傑弗瑞和阿諾寫道：「傳統上大家的看法是，周轉率在一％到二五％之間算低而且對獲利不會有任何正面助益，周轉率高於五〇％才算高，而且對獲利有正面影響。但事實卻不是如此。」

傑弗瑞和阿諾的研究中顯示：周轉率二五％的投資組合所需付的稅只有周轉率一〇〇％投資組合所需付稅的八〇％。他們的結論是低周轉率比高周轉率更値得重視，因爲要達到高稅後盈餘，投資人需要維持投資組合的年周轉率在〇％到二〇％之間。

什麼策略可以使投資人降低周轉率？選擇被動的低周轉率的指數型基金，是一個可行的方法；另一個方法就是採用核心投資策略。傑弗瑞和阿諾說：「投資人最要緊的是建立一個可長可久的投資組合，不過這個建議聽起來有點像是那些婚姻諮詢專家在你結婚前所給的建議。」

蒙哥解釋：「在今日的投資理財觀念裡，每個人不但想賺錢，還希望每年的獲利起碼不要輸給別人太多，能贏別人很多更好。從一個理性消費者的觀點來看，我們整個投資環境是相當瘋狂的，一大堆有才能的人都在從事一些無用的交易活動。」但是基金經理人會辯稱：「我們必須那樣做，因爲那是我們被衡量的行爲之一。」

今天的基金經理人因爲注重短期相對績效表現而受到限制。伯恩斯坦認爲在這種相關績效比賽的遊戲中，風險不在於自己擁有的股票，而在於你所沒有的股票，因爲別人有的股票報酬率可能比你的股票高。如果基金經理人的短期績效表現不如別人的表現，他們就要等著失去客戶和被顧問批評的風險。蒙哥說：「害怕短期績效低於市場報酬已經扭曲投資業的生態。」

在這章中我們對共同基金績效的成長和衰退作了不少介紹，我們之所以選擇共同基金作爲討論重點，是因爲大家對共同基金比較熟悉。但不要因此推論，這些錯誤的想法只限於共同基金經理人。我們之所以引用他們做例子，也是因爲他們的觀念和行爲代表了目前投資理財的主流趨勢。從觀察這些共同基金經理的行爲及想法，我們可以學習到很多正確的投資概念及作法。

我們已經知道，短線績效超強的基金經理人並不一定比短線績效較差的基金經理人要好。當今我們用來衡量基金經理人表現的時間區間太短，使我們無法作出任何有意義的結論。但是運用另類的評估指標如總體盈餘等，或許可以發現股價與基本面不相稱的投資標的，因而大賺一筆。

我們同時也學到低周轉率之所以導致高報酬率，是因爲交易成本降低和稅負減少這兩個因素。最後不要忽視未實現資本利得的價值，除了被動的指數型基金之外，核心投資策略也可使你的未實現利益達到最大的複利乘數效果，爲你創造可觀的利潤。最後以蒙哥的話作爲本章的結語：「柏克夏公司的投資不瘋狂追求短線進出的獲利，因為它是眞正符合投資本質的有效方法。」

第五章 巴菲特投資準則

昨日的成功並不保證今日的獲利。

——華倫．巴菲特

我的上一本書主要是在描述並且解讀巴菲特的投資風格，希望投資人在了解他的投資方法後都能因而獲利。書中我也描述了基本面投資的分析方法和準則，這些都是巴菲特用來決定是否投資的參考，這些準則也被記錄在第一章。

從一九九四年《勝券在握》這本書問市以來，這些基本的投資準則到現在一直都沒有太大的變動。雖然準則之所以被稱爲準則，是因爲它們都具有歷久彌新的精神，但是還是有許多的讀者問我，這些準則是否仍適用於今日市場。

而投資應重視企業的未來發展還是內部的價値，也是爭論不休的話題，值得我們深入探討。例如科技類股自上市以來股價一飛沖天，這種高股價的背後也隱藏了企業未來的附加價值，以及科技所扮演的角色，我們不禁要問：巴菲特的投資策略是否適用於科技類股的選股。

市場準則：如何評價標的公司

巴菲特在作投資決定的過程中，第一要務就是決定標的公司的眞實價值，這樣的過程通常是藝術和科學的結晶，科學的部分牽涉到相當簡易的數學運算。

衡量標的公司目前的價值，一般都先估算公司一段時間內的現金流量，依合理的折現率將這些現金換算成當期的淨現金流入。巴菲特說：「如果我們能預估未來一段時間的現金流量，譬如說一百年或一直到這家公司不存在爲止的總現金流量，然後再將這個數字依合理的折現率折算回現在的淨現金流入。在這樣的過程中，我們就可以找到企業的內部價值。」

這項假設最早是約翰．布爾．威廉斯（John Burr Williams）在他的《投資價值理論》（*The Theory of Investment Value*）書中提出。雖然這本書已經有六十多年的歷史，但是這種評價理論至今都還顚撲不破。如果把這種過程和評價債券的方式相比，似乎比較容易了解，其實背後的數學原理都一樣。

債券雖然沒有所謂的現金流量可言，但是債券有票面利息要支付。雖然債券沒有無限延長的企業生命，但是債券在存續期間到期時必須把本金還給投資人。我們看待企業的現金流量，就好像看待一個附帶許多票息、存續期間一百年的債券一樣。其實企業未來也要把獲利回饋給投資人，只不過這些利息並非像債券的票面利率是白紙黑字的寫在債券上，因此投資人必須自己衡量標的公司未來可能的殖利率。

計算公司的獲利，必須先取得兩項數據：一、未來可能的獲利；二、將未來可能獲利折算回當期獲利所用的折現率。巴菲特通常以當時政府長期公債殖利率作爲折現率的標準，因爲美國政府支付三十年期的利率給投資人是百分之百不會跳票的，所以這種利率也稱之爲無風險利率。不論投資標的是政府公債、公司債、普通股、房屋不動產、油井還是農場，巴菲特認爲無風險利率是用來衡量各種投資標的或投資組合的最好指標。

巴菲特不會因某些投資的報酬不確定而調整折現率的高低。儘管某一投資較其他投資的風險來得高，他還是維持折現率不變，只是調整購買價格。換句話說，他不會像資本資產定價模式理論一樣，因爲投資組合中的單一投資風險比較高，而加入其他股價波動風險較低的投資以達到降低平均風險的目的，他只需要在最初投資時選擇在股價低檔時介入。

他認爲投資人如果能了解標的公司的企業特性和未來的發展，就不太需要再靠其他的投資來降低風險或增加投資穩定性。相反地，如果愈不了解公司的狀況，投資人就愈想靠其他的風險分散策略來增加投資的安全性。

在上一本書中，我們用柏克夏－哈薩威公司幾個較大的股票投資案作爲專案討論的例子，進而學習巴菲特的投資準則。我們發現部分案例所牽涉的被收購公司，獲利率甚至超過市場無風險利率。因此用兩段式股利折現模式似乎比較合適，當企業處於剛開始發芽成長的先期階段，我們採用較高的折現率；當企業發展比較穩定時，則採用較低的折現率。

巴菲特在一九八八年買進可口可樂公司就是一個很好的例子。當時長期政府公債殖利率爲九%，可口可樂獲利成長率則達一五%，九%減掉一五%，我們得到一個負數，也使得這種計算結果沒有什麼意義。爲了解決這個問題，我採用兩段式的折現模型，首先假設可口可樂的股東淨獲利（淨現金收入＋折舊／分期付款－資本支出）將維持高於平均水準的成長率持續成長至少十年，然後衰退到大約以五%的成長率成長，在第十一年的時候，我們可以將九%的無風險利率減去五%的成長率，而得到四%的公司未來獲利成長折現率。

自從上一本書出版以來，許多人問的問題都是有關股利折現模式和他所用的種種假設。有些讀者認爲，可口可樂的股東淨獲利理所當然會以一五%的成長率持續成長超過十年，所以他們認爲巴菲特的假設和預測太過保守。有些讀者則堅持可口可樂未來十年的情形很難預知，所以應該只能以一五%的成長率來預估其五年內的股東淨獲利成長。

這兩種看法都有理，但也不盡然無懈可擊。請牢記巴菲特曾說過的名言：「寧可約略的正確，也不要精準的錯誤。」因爲重點不在於到底可口可樂獲利是否能在五年內、七年內，甚至十年內以一五%的成長率增加，重點在於投資前要花時間研究標的公司的眞實價值，而不是老靠一些旁門左道的捷徑（如本益比、股價淨值比或相對大盤表現等），這些捷徑可以準確到小數點後面幾位數，但卻無法衡量出這筆投資的價值在哪。

另外一個常被問到有關股利折現模式的問題是：當無風險利率爲九%時，一切問題似乎都很好解決，但是目前的無風險利率卻只有五%或六%左右，我們該怎麼辦呢？舉例來說，當利率水準只有六%，減去標的公司的五%獲利成長率，公司的股東淨獲利折現率將只有一%。巴菲特會如何解決這個問題呢？

財務準則：市場成長與保留盈餘一致

巴菲特認爲身處低利率的環境中，他會將折現率向上調高。當長期公債殖利率低於七%，他就將折現率調高到一〇%。如果長期市場利率逐漸攀升，市場利率就會和他的折現率靠近。就算市場利率不再攀升，他的投資案也因此多保留了三%的安全利率空間。

在《勝券在握》書中介紹的選股準則中，比較少提到財務準則。大家理所當然都同意高毛利、高獲利的企業是好的投資標的，而且如果企業的股東報酬率也高的話，就更完美了。但是要不要以經濟附加價值（economic value added）的方法來衡量標的公司，則是見仁見智的問題，大家也都好奇巴菲特對這問題的看法。

附加價值評估法最先是由紐約一家投資顧問公司史坦恩·史特瓦特（Stern Stewart）所使用，是一種衡量投資報酬是否高於資金成本的投資原則。過去幾年來許多著名公司包括可口可樂、禮來公司（Eli Lilly）和AT&T公司內部的投資案都採用這種方法。

這種方法首先要知道企業的負債成本，而後減去公司的淨利。負債成本包含流動負債成本和股東權益成本的加權總合。簡單來說：流動負債成本就是企業借錢所需支付的利息扣除利息支出減免；股東權益成本則是要看企業的風險高低而有所不同，企業的風險則是由資本資產定價模式（CAPM）衡量。

公司的加權平均資金成本就是：

股東權益佔負債結構比例×成本＋流動負債佔負債結構的比例×成本

舉例來說：假設一家企業的負債結構中有六〇％是股東權益，而另外四〇％是流動負債，如果股東權益成本爲一五％，流動負債利息是九％，則這家企業的加權平均負債成本等於六〇％×一五％＋四〇％×九％＝一二·六％。如果企業的資本報酬率爲一五％，高過負債成本的一二・六%，那麼我們就可以說這家企業有附加價值。如果企業的資本報酬率一直高於其加權平均負債成本，則公司的股價通常會上揚。但是如果上述公司的資本報酬率一直只有一〇%，低於它的加權平均負債成本，它的股價通常都會下滑。

附加價值法是採高資本報酬率門檻作爲衡量投資標的方法。巴菲特還有其他的衡量方法，譬如他喜歡比較公司的市値成長率和保留盈餘的成長率是否一致，因爲他認爲公司每保留一元在帳上，公司市値最起碼也要成長一元。

從外表看來，巴菲特的這種選股方法（一元保留盈餘至少創造一元市値）和史坦恩－史特瓦特公司的附加價値選股法，似乎有異曲同工之妙，但巴菲特卻不太能苟同附加價値選股法。

首先，附加價値法對股價波動風險的看法根源於資本資產定價模式，我們已經知道巴菲特不認同股價波動愈大風險就愈高的看法。其次，因爲股東權益成本一定高於流動負債成本，所以如果流動負債成本在負債結構比例大一些，公司整體負債成本就會往下修正。巴菲特喜歡的公司是接近或無負債，而附加價値選股法的支持人則認爲：高負債比例代表公司的負債成本低，這種說法無法說服巴菲特。

其實企業的負債成本到底多少一直是個謎，一般人很難掌握，所以附加價値選股法只不過是衡量公司負債成本的方法之一而已。雖然巴菲特不會用這種方法來計算企業的負債成本，但並不表示他不重視公司負債成本的高低。所有柏克夏－哈薩威公司的子公司如果向柏克夏公司周轉資金，也都要支付利息，但巴菲特表示他不傾向使用太過複雜的方式來衡量負債成本。他說：「我們只是很簡單的告訴來借錢公司我們要求的利息，並且讓他們決定在這種資金成本下，是否還需要添購什麼新設備。通常我們都收一五％左右的利息，他們也都能接受這種利率水準。畢竟我們也不想讓那些應該要做的事，因爲利率過高而無法完成。」

從巴菲特要求自己企業內部借款的利息成本控制在一五％左右，我們可以很清楚的知道，他對內部子公司獲利成長率的要求是要高於一五％，所以一五％是他衡量公司負債成本的平均標準。也就是說，不論他的子公司向母公司借錢購買任何東西如研究器材、新機器或從事宣傳行銷，至少都要有一五％的報酬率才行。

柏克夏－哈薩威公司的貸款內規和附加價值選股原則，都是計算資金成本的方法之一，雖然他們的評估方式不太一樣，但是追求的目標卻很一致，也就是要投資獲利率高於資金成本的公司，而出脫或不投資資金成本高於其獲利率的公司。在柏克夏公司一九九五年年度會議中，巴菲特被問到是否要用附加價值選股方法時說：「我不認爲這是一個很困難的問題，但是我不需要用附加價值選股方法才能發現可口可樂有極高的附加價值。」

經營準則：創造股東價值

巴菲特認爲最好的經營者，就是把自己當成公司大股東，把公司看成是自己的，好好經營。如此一來，經營者就不會忘記企業經營的最大目標就是創造股東價值，而且他們會想辦法儘量往此方向前進。但是，要如何分辨哪些經營者是眞的在積極朝創造股東價值方向努力？而哪些只是嘴上說說而已？換句話說，我們要如何評估經營者的價值？

巴菲特用三項原則來衡量企業的經營者：一、合理性（rationality）；二、誠實度（candour）；三、企業準則（institutional imperative）。因爲上本書已經針對這三種評估原則有深入的描述，在此只有簡述大概而已。

我們都知道，當公司創造出高額股東報酬，經營者的工作就是負責將這些獲利做合理的轉投資，使公司獲利更高，也使所有股東都雨露均霑。但是如果這些獲利無法透過再投資賺取更高利潤的話，經營者通常有三種可能作法：一、不管這個問題，繼續以較低的投資報酬率從事轉投資；二、留在帳上，使每股淨值增高；三、透過發放現金股利把盈餘分發給股東，股東就可以拿這筆錢去從事報酬率更高的投資。巴菲特認爲只有第三種方法最合理。

公司經營者傾向採取上述的哪一種方法來分配盈餘，可作爲我們決定是否要投資該公司的指標。公司年報中很清楚的告訴我們，這位經營者是如何作盈餘分配的決定。

除了合理性之外，我們也要注重經營者的誠實度。每一家公司經年以來或多或少都會犯一些錯誤，有些錯誤大到影響公司營運的穩定性，有些則只是一些小錯誤，許多經營者傾向以樂觀的口吻來粉飾錯誤，而不是以誠實態度解釋這些錯誤的來龍去脈。經營者如果能有勇氣和股東們討論失敗的原因，是一件非常令人敬佩的事，巴菲特認爲，公開承認錯誤的經營者，比較可能會去糾正這些錯誤。

如果資金分配很簡單，也很符合邏輯的話，爲什麼我們常看到經營者錯誤分配資金的例證？如果經營者都能在錯誤發生之後潛心反省面對錯誤，並從中吸取智慧，爲什麼年報裡通常都只有看到吹噓成功的部分？

巴菲特認爲答案就在於一個看不見、摸不清的力量，郡就是所謂的「企業準則」。「企業準則」使經營團隊的成員互相模仿對方的言行舉止，不論那些言行舉止有多麼愚蠢、不合理，慢慢地大家都被潛移默化了。經營者必須不受他人影響，以合理邏輯的思考，才能爲公司創造最大財富，而不是一味只知道要「效忠公司」這個口號而已。

用以上三個原則來衡量公司經營者，其實比衡量企業財務表現還難，因爲活生生的人比死板的數字要複雜得多。的確有些分析師認爲分析人的結果太過模糊和不準確，不太能確定經營者的實際價值何在，因此這種評估似乎有點浪費時間。他們以為如果無法量化成數字，一切的評估都沒有意義。

另外有些人認為經營者的價值早已完全反映在公司的表現上，如營收、獲利率和股東報酬率等，所以不須要再去評估經營者的價值。

這兩種說法在我看來，雖然多少也有些意義，但這些意義卻都比不上我們之所以要評估經營者價值的前提，因為多花時間研究企業經營者，可以讓我們在財務數字公告前就發現警訊。如果仔細研究經營者的一言一行，就能在報紙公布該企業財務狀況前，發現企業經營的蛛絲馬跡。找尋蛛絲馬跡需要時間，但若等到消息見報時就為時已晚，所以一分耕耘一分收穫絕對不會有錯。

如果你覺得衡量經營者的價值這觀念還是太模糊，巴菲特提供以下幾個方法作參考：

- 翻閱企業幾年前的年報，仔細看經營者當時所發表的未來策略。
- 把那些策略和現在的結果作比較，當時的策略到目前為止實踐了多少。
- 比較當時所發表的策略和近幾年所發表的策略，到底變了多少。
- 拿自己有興趣投資的公司年報和同一產業其他公司的年報作比較，雖然有時很難找到基礎完全相同的公司，但多少可以增加分析的資料。

核心投資人都必須仔細衡量企業經營者的價值，因爲他們只打算長抱少數績優公司股票，所以他們會深入了解這些企業的經營者。研究歷來的年報之後，對公司經營者過去的表現便會有所體會，同時也會去分析媒體對這些公司經營者的評論，和其他企業家對他們的評價。如果知道這些經營者最近曾經發表過演說，可以透過該公司的公關部門取得他們的演說內容並仔細研讀；上網查看公司的最新動態，也是另一種觀察經營者的新方法。

無論如何加強吸收所有資訊是非常重要的功課。千萬不要因爲衡量工作很困難，而忽略此項工作的重要性。只要愈來愈注意許多的蛛絲馬跡，就愈來愈能掌握整體衡量過程。

你會比別人更早料到所有會影響股價的資料。如果市場像巴菲特講的一樣，常常是很有效率的（但不是隨時都有效率的），衡量經營者的價值是讓你搶占市場先機的分析工作之一。

成長與價值的爭辯

過去二十年來，巴菲特選股的策略很少改變。他考慮是否投資的衡量標準，包括公司經營者的能力、財務狀況和買進價格。表面上看來都很簡單而且很直接，但是簡單的背後有著巴菲特長期以來強調區隔價值導向投資和成長型投資的哲理。

傳統上被稱之為「價值投資者」（value investor）的人，通常著眼於投資股價被超賣而低於其價值的股票，如低股價淨值比、低本益比和高股利低股價的股票。而那些被稱之為「成長型投資客」（growth investor）的人，則喜歡投資獲利大幅成長，而且未來可能持續成長的股票。

巴菲特說：「大部分的分析師以為這兩種選股方式是相互對立的，的確也有許多投資專家認為價值與成長這兩個觀念是沒有什麼交集的。」你不必太驚訝，巴菲特對於價值和成長也有不同於別人的觀點。

巴菲特在許多場合解釋過：「股票的價值在於投資過程中以適當折現率算出的總淨現金流入，而成長只是計算總淨現金流入中的一小部分而已。」巴菲特因此認為價值和成長是一個分進合擊的觀念。

蒙哥說：「這些想要完全釐清價值和成長的企圖讓我覺得十分離譜，這只不過是一些退休基金經理人為了想要多收一些手續費，或是投資顧問想要凸顯自己的與眾不同，而炫耀裝飾的話題而已，沒有多少用處。但是對我而言，比較聰明的投資方法是價值導向投資。」

儘管巴菲特和蒙哥已經解釋「價值投資」和「成長投資」之間的差異並沒有大到需要分別說明的必要，但業界主流仍傾向將這兩種投資概念分開解釋。如果讀過《勝券在握》這本書，可能就會面臨一個基本問題：到底自己是屬於「成長導向投資客」？還是「價值導向投資客」？蒙哥的建議是價值導向比較好。但是千萬不要落到要求自己非低價股票不買，一定要買入價格很低的股票的陷阱裡。

比爾．威廉．米勒三世（Bill William H. Miller III）是一位在成長導向和價值導向的衝突觀念中拿捏得很好的人，他過去的投資績效非常驚人，而他如何達到這種表現也值得我們學習。

蘭格─梅森高價值基金

一九八二年以巴爾的摩爲總部的蘭格─梅森證券暨基金管理公司，發行了一檔基金作爲該公司主力旗鑑基金，名爲「高價值基金」（Value Trust）。該基金從一九八二年到一九九〇年間由當時的研究部門主管俄尼．凱恩（Ernie Kiehne）和初試啼聲但十分聰明的比爾．米勒共同管理。

比爾走上資產管理這條路是相當傳奇的，當其他人都在各校商學院研究現代投資理論時，比爾在約翰霍普金斯大學就讀哲學研究所；當其他準基金經理人都在研究馬科維茨、夏普和法瑪的理論時，比爾正在讀威廉．詹姆士（William James）的《實用主義》（*Pragmatism*）和約翰．杜威（John Dewey）的《實驗邏輯理論》（*Essavs in Experimental Logic*）。他畢業後曾經短暫擔任某企業財務調度人員，使他了解企業的資金運作情形，接著他就進入蘭格─梅森公司的研究部門，並與俄尼．凱恩一起管理這檔基金。

操盤人作風十分低調

八〇年代期間，高價值基金實踐了兩項理論。俄尼遵循葛拉漢的方法，專門投資低本益比、低股價淨值比的股票，也就是所謂價格被低估的股票。而比爾卻採取比較不同的方法，比爾表示：「我的選股策略比較像是葛拉漢曾經提過的選股方法，巴菲特對這種方法也曾詳細說明，那就是以公司未來的現金流入折算成公司現今價值的評估方法。重點在於藉著這種衡量方法，我們可以理性地衡量出公司的眞實資產，如此便可在股價很低的時候買進該公司的股票。」

一九九〇年比爾開始全權負責這檔基金的管理，並且開始實踐他自己的投資策略。他的基金績效在九〇年代打敗市場無敵手，從一九九一到一九九八年間高價值基金績效連續打敗標準普爾五〇〇股價指數。一九九八年底比爾傑出的操作績效，使他獲得《晨星》雜誌選爲年度國內最佳股票型基金經理人。

《貝隆》（Barron's）雜誌的艾瑞克．沙福提茲（Eric Savitz）認爲比爾的成功在於：「他的眼光看得很遠，而且建立的部位大而集中。長遠來看，你可以清楚發覺他的投資策略非常有用。」

沙福提茲長期追蹤比爾的績效，並且常在《貝隆》雜誌發表有關共同基金的文章。沙福提茲描述比爾是個相當低調的人，從來不會到處宣揚他的績效表現，業界有許多基金經理人喜歡上電視吹噓自己有多厲害，但比爾不這麼做，而且他比其他基金經理人的投資眼光更銳利。

目前比爾替蘭格－梅森公司管理大約一百二十億美金的資產，其中有九十億是「高價值基金」。雖然比爾嚴格來說還不算是核心投資者，但相當接近核心投資的標準。他的「高價值基金」投資組合中通常保持三〇到四〇檔股票，並且將半數以上的資產投資在其中一〇檔股票之上。《晨星》雜誌編輯艾咪．阿諾（Amy Arnott）認爲：「比爾．米勒和巴菲特有許多相似的地方，他們的股票周轉率都很低、持股都比較集中，而且評估股票的投資價值也都是從公司的現金流量著眼。」

雖然比爾的方法比較偏向價值導向投資，但是他不見得完全符合一般投資刊物對價值投資者的簡單描述。比爾並不常用價值投資常採用的評價方法；如每股獲利或每股淨值等。他說：「我常試圖分辨哪些股票的股價應該理所當然的低，而哪些股票的股價不應該太低。有許多好公司的股票被投資人忽略，而且股價被低估。最要緊的就是選選股價相對較低的好公司，而不要去投資營運績效不彰而股價低的公司。」

高績效卻引來批評

比爾非常挑剔的選股眼光和持股長抱的投資策略，的確使「高價值基金」成爲九〇年代績效最好的基金，但也因此引發一些爭議。由於「高價值基金」的持股內容同時包含了有價值導向的股票和成長導向的股票，所以比爾常被人攻擊不是一位純價值導向的投資者。《華爾街網站》（*The Street. com*）雜誌就曾刊出吉姆．克林姆（Jim Cramer）的文章，批評比爾不算是個價值導向的基金經理人。

克林姆是《華爾街網站》雜誌的發起人之一，文筆非常犀利，他寫了一篇有關價值導向基金的評論文章。克林姆在文章中公開批評部分號稱是價值導向的基金，其實是投資一般市場認爲是成長型導向的股票。他從《投資者商情日報》（*Investor's Business Daily*）所提供的價值導向基金績效指數表中指出，部分列在該指數的基金，其實有大量部位建立在一般認定爲成長型的股票，如戴爾電腦（Dell）、美國線上（ＡＯＬ）、微軟（Microsoft）和朗訊（Lucent）。他說：「這些股票怎麼能代表價值導向的股票？得了吧！」

克林姆還說：「我不想讓人聽起來太過憤世嫉俗，但我不知道這些經理人的腦袋到底在想什麼？基金界是我看過所有產業中最喜歡張冠李戴、亂貼標籤的產業。我希望業界能夠明確界定『價值』的定義，因爲本益比那麼高的股票不該被稱之爲價值型股票。價值似乎已成爲一種面具、一種不懷誠意的行銷手段，專門欺騙那些不想投資這種噴鼻血股票的投資人上門。」

比爾寄了封回函給《華爾街網站》雜誌，我認爲信的內容完全掌握到長久以來價值和成長之間的爭辯議題，我在取得了他的同意後，小幅修改全文刊載於此：

吉姆：

在由您主筆的價值和成長專欄中，似乎對由我管理的蘭格－梅森「高價值基金」頗有微詞。您認為既然我的基金被編列在《投資者商情日報》的價值型基金績效指數中，為何還要大筆投資戴爾電腦和美國線上（順便在此申明我並沒有投資微軟和朗訊）？

一九九六年我以每股四美元的價格買進戴爾電腦股票，當時的本益比約六倍，資本報酬率約四〇%，沒有人認為我是一個異類。而我在一九九六年底開始以每股十五美元價格大筆買進美國線上的股票時，人們都認為我瘋了，因為他們認為這家公司可能因為網路科技的劇烈變動、微軟加入戰局或公司內部經營不善而發生問題（附注：經過這幾年配股下來，比爾買進戴爾電腦的成本已降至每股二元，美國線上則降為每股七．五美元）。

問題的重點在於：到底我們現在要用什麼方法來衡量這些股票的價格？要用本益比呢？還是用股價淨值比呢？

一部分的答案是與整體投資策略有關，許多基金經理人的周轉率超過一〇〇％，因為他們希望一直換股可以換到好股，而我的周轉率卻僅僅只有一一％，為業界少見。找到股價低檔的好股票，建立大量部位並持股長抱數年，我認為這種投資過程應該很合理。

在一個投機性的市場，長期投資很少見，但我們一直堅持這種作法．我不認為股價上漲很多，就要急著賣股票；也不認為持股一段時間後，有必要調節持股。

對於上述問題，最好的解答是股價和價值是兩個不同且獨立的變數。巴菲特曾經說過價值導向和成長導向其實沒有太大的理論差異，每一筆投資的價值就是標的公司未來現金流量的目前價值。

價值和成長並不是極端對立而可以劃分界線的觀念，兩種觀念只是一些投資顧問依顧客要求而試圖區分開的名詞而已。它們只呈現出股價的特色而不是公司本身的狀況。蒙哥認為硬要去區分它們是一件非常愚蠢的事。

自從一九八二年以來，九一％的基金經理人績效無法超越市場漲幅。在我看來，這個市場算是滿有效率的。大家既然都有電腦和各種隨手可得的資料庫，那麼電腦可以查詢到的各種財務資料如本益比、股價淨值比、股價現金流量比等，就很難幫助你提升操作績效。就算是把所有會影響股價的財務分析資料都用上，也不見得有很好的績效，因為大家都會這麼做。價格的差異很快就被填平，靠這些數字與數字相除得來的答案，根本無法產生些什麼好績效。

如果投資組合績效能長期超越市場表現，通常是因為組合中有許多價格被低估的股票。市場沒有對這些股票的未來價值作出正確計算，而我們盡量先去發現一些市場評價不同的股票，參考市場上對該股票的評價，再用我們自己不同的方法來評估，兩相比較之後作出最後的投資決定。

我們用的方法除了一些會計上常用的方法之外，還有用到如未上市市場價值分析（Private market value analysis）、高度財務槓桿收構分析（Leveraged buyout analysis）、公司的清算價值等，當然我們還是會用現金流量折現模式。

評價是一種動態而非靜態的過程，當我們開始衡量美國線上的價值時，它的股價雖然只有十幾美元，但我們認為它應該值三十美元左右。我們如果再用保守的現金流量折現模式，評估現在美國線上的價值大約在一百一十美元到一百七十五美元附近，如果我們使用長期經濟效應模式（long-term economic model）來評價的話，它的價值可能還更高。

我們過去曾經投資通用汽車和大通銀行（Chase Bank）而造成損失，卻沒有聽到有人抱怨，因為這些公司牌子老、績效好又廣為大家熟知。同樣地，我們投資玩具反斗城（Toys "R" Us）和西方數位公司（Western Digital）造成虧損，也都沒有人有意見。而我們投資戴爾電腦和美國線上，才聽到有人反對的聲音。

他們主要反對的意見是我們沒有像其他價值導向投資一樣，在戴爾電腦股價達八美元時統統賣掉。一般個人電腦公司的本益比介於六倍到十二倍之間，但是從過去戴爾電腦股價走勢紀錄來看，當戴爾電腦股價達八美元時，本益比正是十二倍，價值導向投資人無法忍受本益比過高的風險。

我們很慶幸大部分投資人都用天真、簡單的會計直線思考方式來作買進賣出的參考，這比實際去衡量公司的真實價值容易多了，如此一來如果我們用更深入的衡量方法，便能為客户謀取更大的財富。

我們投資通用汽車和美國線上的原因其實都一樣：因為市場低估了這兩家公司的內部價值。

比爾・米勒敬上

比爾在信中分析得很好，我認爲這封信值得投資人和學術界仔細品味。當然這封信也得到吉姆的迴響，以下就是他在《華爾街網路》雜誌上回給比爾的答覆：

親愛的比爾：

您的來信內容讓我大開眼界，您的所作所為也的確不同凡響。您選股眼光獨到，投資的股票股價大幅飆漲，同時周轉率低，使投資人的證券所得稅降低，您對您的基金績效實在居功厥偉。我在批評所有掛羊頭賣狗肉的價值型基金時，把您也牽連進來，對此我感到非常抱歉。看來我不應該只憑著一張有幾個名字的圖表，就以為自己充分了解價值的迷思。您糾正得很對，我也很感激您百忙中抽空和我們分享價值的意義。對了！恭喜您這麼早就選對了戴爾電腦和美國線上這兩檔飆漲股。

吉姆．克林姆敬上

一九九八年我帶著我的核心基金和受益人們加入了比爾的蘭格—梅森公司，新聞媒體馬上就注意到這個改變，並詢問我核心基金是否能和一個喜歡投資科技類股的新管理團隊相處。《貝隆》雜誌的珊德拉．渥德（Sandra Ward）當時寫道：「比爾．米勒這位另類投資大師名聲快速攀升，已與歷來的投資大師平起平坐，但是他和巴菲特不一樣的是，他喜歡投資科技類股。事實上除了大量投資金融股之外，集中投資科技類股是造就他超越市場表現的主要原因。」

但是這些媒體也問巴菲特，他的投資策略是否能和比爾的投資策略相容？我們到底能不能用巴菲特的投資策略，來挑選科技類股作爲核心基金的投資標的呢？

巴菲特與科技類股

由於柏克夏－哈薩威公司沒有投資科技類股，所以很多人就以爲原因是科技類股無法被明確的衡量出價值，不然的話巴菲特早就這麼做了。

巴菲特坦承他並不是很了解科技類股的性質，對它們的價值也比較沒有把握。在一九九八年柏克夏－哈薩威公司的年度會議中，他被問到未來是否有可能考慮投資科技類股，他的回答是：「很可惜，我應該沒有這種打算。」

巴菲特進一步表示：「我一直很崇拜安迪．葛洛夫（Andy Grove）和比爾．蓋茲（Bill Gates），而且我也希望能把對他們的崇拜轉換成實際的投資行動。但是我考慮到我實在不知道微軟和英特爾（Intel）未來十年會發展成什麼樣子，並且我不想在別人都占盡優勢的情況下，在市場上一較長短。我可以絞盡腦汁思考明年科技的發展，但是我還是遠遠比不上業界那些專門研究科技類股的人，他們是分析科技類股的專家，而我不是。」

蒙哥也呼應了巴菲特的看法，蒙哥說：「我們之所以不投資科技類股，是因爲我們缺乏在這個領域上需要的特殊才能。我們之所以投資那些非科技領域的公司，主要是因爲我們自認爲比較能夠了解它們。我們不想去碰自己不懂的事物，寧願去接觸比較熟悉的公司。當我們在一個領域上沒有特別優勢（甚至算是劣勢的），我們爲什麼要進入那個領域與人競爭。我們爲什麼不在我們具有明顯優勢的領域主宰市場呢？」

如果有一個很普通的投資機會可以讓你獲利賺錢，通常這種機會只會令你的資產縮水。你願意把一輩子的儲蓄押在類似丟銅板這種勝負機率各一半的賭博上嗎？蒙哥說：「每個人都必須發掘自己的特長，培養自己的優勢。如果你一直想在最弱的領域裡成功的話，我可以保證你的下場絕對不會好到哪裡去。」

因爲巴菲特歷年來都沒有投資高科技類股，價值導向的投資人就以爲他們應該盡量避開科技類股。他們以爲無法分析出這種新興產業的價值，所以就沒有投資科技類股。他們現在發現自己的投資績效已經遠低於其他有投資在高科技類股的後起之秀。

米勒認爲：「大部分價值導向的投資人用過去的評價方式，來決定股價是否過高或過低。但是這些投資人如果只用過去的評價模式，他們的評價方法將被限制在標的公司過去表現的框架內。」換句話說，只有在公司的未來發展和過去相似的時候，過去的評價方式才有用處。米勒又說：「許多價值導向投資人的最大問題，就是沒有認知到過去和未來其實在很多地方都不同，尤其最不一樣的就是科技在社會中所扮演的角色。」

巴菲特原則新解

米勒表示：「事實上我認爲投資高科技類股的方法還是可以運用巴菲特的投資策略，因爲他的策略提供了許多強化分析能力的方法。所以從這麼多的潛在標的中，比較可能找到能帶給你長期豐碩報酬的股票。」

從這個觀點來看，我們可以發現有許多的高科技公司具有巴菲特最喜歡的經濟特質，例如：高毛利、高資本報酬、盈餘轉投資快速成長公司的能力，同時經營者又能以股東的利益作爲決策的出發點。

比較困難的事是如何預估科技公司未來的現金流量，再將這些現金流量折現回現在的水準，從而判斷出公司的內部價值。蘭格—梅森公司的基金顧問，同時也是科技分析師兼副總裁麗莎·勞波諾（Lisa Rapuano）表示：「許多人無法衡量科技公司的價值，是因爲科技公司的獲利前景不是很明確。你必須考慮許多可能的結果，這使得長期投資的潛在未來收益會有很大的變動，但是如果你眞的深入發掘影響投資標的公司股價的重要關鍵，例如：潛在市場有多大？可能的獲利有多少？競爭優勢在哪？那麼你就會完全掌握每一個可能結果的背後因素，大大降低投資標的的不確定性。如此就可以用現金流量模式來評估他們的價值，但是我們通常會找出數個目標價值而非只有一個。」

勞波諾進一步分析：「既然科技是未來經濟成長的動力，而且許多科技公司創造出驚人的報酬，那麼多一點的分析也是值得的。雖然科技類股的不確定性似乎比較高，但只要我們多做分析，就能夠創造出在別的地方得不到的報酬水準。」

我們已經知道巴菲特在衡量一家公司的價值時，是如何處理不確定因素：他會想辦法要求更高的毛利率作爲安全的保障。對於投資像科技類股這些未來前景不是很確定的公司，巴菲特的投資策略提供了一個掌控投資風險的好方法。另外一個好辦法就是透過投資一些有穩定報酬、前景確定的公司，來降低投資組合的整體風險。

巴菲特曾經說過：「未來的財富在於找到新的專利權。」這句話常常被投資人引述爲投資座右銘。米勒認爲：「我相信科技類股就是代表著巴菲特所謂的新專利權。」在巴菲特的消費商品領域裡，品牌的吸引力、定價的權力和思考的能力，都被定位成專利權的一種。在科技的領域裡，專利權包含網路無遠弗屆的能力、更積極的互動關係、專門的知識和快速累積的報酬。

米勒說：「我認爲許多人用來衡量科技類股的評估模式並沒有什麼效果，他們認爲科技太難懂，也不想去懂，他們已經有了先人爲主的觀念。」雖然我承認想要了解科技類股，一開始的確不容易上手，但是我不認爲只有電腦高手才懂得這些公司。

建立全新思考模式

當我們開始研究巴菲特的現金流量專利權模式，就必須調整我們的思考模式，不能還停留在葛拉漢的低本益比低股價淨值比等上面；要學習新的專業術語、新的定義、新的財務分析看法和股利折現模式。同樣地，學習如何分析科技類股的投資價值，也需要調整我們的思考方式，我們必須了解新的專有名詞和新的公司經營模式。

雖然我們也會以不一樣的態度來評估科技類公司的財務報表，但是比起從過去分析低股價股票的思考方式，演變成巴菲特的以合理價格長期投資績優股的思考方模式，這種轉換似乎也不會太困難。

米勒表示：「這就像你必須花多一點時間去學習新的事物一樣。」米勒引述巴菲特和彼得·林區（Peter Lynch）這兩位投資大師的看法：學習就是觀察周遭事物如何改變而已。米勒進一步表示：「雖然人們還是買可口可樂解渴，用吉列牌刮鬍刀刮鬍子，用美國運通信用卡消費，但是他們同時也在使用美國線上上網、用微軟的應用軟體程式處理文件，並且添購戴爾所生產的電腦。」

重新檢視股票分析方式

哥倫比亞商學院的學生每星期都要想辦法擠進優越斯大樓（Uris Hall），參加一堂爲時三小時的股票分析課程。七十年前葛拉漢教過同樣的課程，七十年後的今天，這堂課是由邁可・莫布遜（Michael Mauboussin）教授接手。除了教學之外，莫布遜教授也任職於第一波士頓銀行，他的同事和銀行的客戶都因此受益匪淺。

莫布遜教授坦承：「每年開學的第一堂課站在所有學生面前，我都會激動得說不出話來。我無時無刻不感受到由葛拉漢和他的學生巴菲特的優良傳承，如果我沒有維持好這個傳承，就會感到無地自容，因爲這是一項很重大的責任。」

莫布遜教授的課程涵蓋了許多重要的觀念，他說：「首先，我強調投資學的跨學科領域訓練。葛拉漢是位了不起的教授，他能夠將他在各種學科領域的知識，融會貫通到他的教學裡。我們也希望朝這個目標前進，我們不只閱讀投資理財的教科書，也參考其他模式和比喻，並且嘗試把這些資料和概念運用在投資實務上。其次，我們也學習投資心理學。葛拉漢所提的市場先生概念到現在都還很實用，我們必須了解投資學其實是一種社會活動，而人類的心理變化在投資過程中，也扮演極重要的角色。最後，我們會花時間深入討論安全毛利率的概念，我們不只在葛拉漢的論述中找到對此方面的看法，也可以在隨機理論中找到驗證。」

回顧過去七十多年來全球投資面貌都歷經相當大的變革，可是以基本面的選股觀念至今仍沒改變，因為它提供我們很重要的指標，使我們能夠選出那些股價合理、經營管理也上軌道的機構來投資，但世界經濟和商業行為已經進化到前所未有的狀況，投資人的思考模式也要隨著時代改變而調整。

我曾請教莫布遜教授，希望他能給想要踏入投資界的年輕學子一些忠告，他說：「我想我會建議他們先了解經濟運作的模式，不只要分析企業的財報數字，也要了解企業間彼此互動和競爭的情形。其次他們也需要知道在整個投資過程中，每個投資人的角色和受限的本質。最後我會勸他們認眞研究，但不要太過鑽牛角尖。」

莫布遜教授解釋道：「認眞研究是指隨時動腦筋，盡可能大量閱讀並且廣泛吸收除了財務分析以外的知識，建立並且強化最有效的投資分析模式。而我所謂的不要太過鑽牛角尖是指：雖然俗語有云：『一分耕耘，一分收穫』，但是在投資這方面，結果卻不一定如你付出的一樣。通常那些不常作投資決定但每個投資決定都很重大的人，比較容易成功。而那些看起來很忙又常作很多投資決定的人，最後反倒不會很成功。」

第六章 投資數學

雖然費瑪和巴斯卡從未聽過現代投資理論，我們仍試圖遵循他們的思考方式。

——查理・蒙哥

巴菲特自孩提時就對數字非常著迷，年輕時就開始投資股票，但鮮少人知道，他與數字的關係遠超過他與資產負債表和損益表的關係。每當不思索股票市場時，年輕的巴菲特喜歡沉浸於一些數學難題中。他曾經思索聖歌作曲者的壽命是否會比其他人長，進而領會到長壽的機率與音樂天賦無關。

如今圍繞著巴菲特眼前的數字不僅是所有的股價和指數，柏克夏公司投資的保險生意也是最大的數學挑戰，因爲這些生意都與機率和統計息息相關。當巴菲特不思考股票市場和保險業務的問題時，他常常沉迷於他最喜愛的娛樂之中，那就是橋牌。自從大學起巴菲特就熱愛打橋牌，每星期都要花幾個小時。而且當他無法和人面對面打牌時，他會上網與全國各地熱愛橋牌的網友們在網路上開打。

巴菲特發現打橋牌與投資股市有許多類似的地方，因爲兩者都是「有各種不同推論的遊戲。」他解釋道：「從決定要繼續跟的牌及決定不再跟下去的牌中，我們通常產生許多對結果的推論。從推論中可以估算各種結果的發生機率，所以這是最好的智慧練習。每隔十分鐘就有新的局面發生，橋牌的確是一種衡量輸贏機率的遊戲。」巴菲特說：「你必須隨時計算各種可能性。」

任何一位與巴菲特往來過的人都會異口同聲的告訴你，他有速算的天份。柏克夏公司的長期股東，同時也是來自於紐約的基金經理人克利斯．史塔夫諾（Chris Stavrou）回憶起他第一次與巴菲特見面的情形。

「我問他是否曾經使用過電子計算機。」

巴菲特回答道：「我從來沒有擁有過一部電子計算機，就算有我可能也不知要如何使用。」

「可是你如何處理較爲複雜的計算問題呢？」史塔夫諾緊跟著又問：「速算是你的天生本能嗎？」

巴菲特說：「不，我不是什麼速算奇才。我只是因為長期從事與數字有關的工作，而培養出對數字特別的感覺吧！」

「可以試試看你的速算能力嗎？譬如九九乘九九是多少？」

巴菲特不假思索回答道：「九、八〇一。」

史塔夫諾問巴菲特如何算出答案，巴菲特說這一切都是靠拜讀費曼自傳所賜。

諾貝爾物理獎得主理查．費曼（Richard Feynman）曾經是美國原子彈計畫小組中的一員。在他的自傳《別鬧了！費曼先生》（*Surely You're Joking, Mr. Faynman*）一書中，他詳述了如何在腦中做複雜數學計算的技巧。對於巴菲特的速算能力，我們大概可以有兩種推論：巴菲特可能對他所讀過的東西完全一字不忘；或者他的心算速度真的很快。

史塔夫諾接著又舉了另一個問題來考巴菲特：「如果一幅畫的價格在一百年內從兩百五十美元漲到五千萬美元，則它的年報酬率是多少呢？」巴菲特幾乎沒等題目問完就說出答案：「一三％。」史塔夫諾驚訝的問：「你是怎麼辦到的？」

巴菲特指出任何複利表都能查得到這個答案（或許我們可以推論巴菲特根本是一張活動的複利表）。巴菲特說另一種解出這個數學問題的方法是，以「倍數相乘幾次就可以算得結果（二五〇美元大約乘上一七．六次就可得到五千萬，大約一年的報酬率是一三％）」。他神情自如的表情似乎在說：「這個題目太簡單了。」

儘管巴菲特謙稱自己並非數學奇才，但是無庸置疑地他在數學方面有過人的天賦。許多心存懷疑的人也就是因為他在這方面的才能，而認為巴菲特的投資之所以能夠成功都是靠他過人的計算能力，沒有這種能力的人不可能靠他的投資策略而成功。

巴菲特和蒙哥都認為這種說法是錯誤的，因為運用巴菲特的投資策略根本不需要使用高深的數學。蒙哥曾在南加州大學的演講中解釋道：「基本的代數運算其實並不難，難的是如何把它變成每天的生活習慣。費瑪（Fermat）及巴斯卡（Pascal）所發明的運算系統其實和宇宙運作緊密契合，在數理上是顛撲不滅的眞理，所以每位投資人都必需具備此一基本技巧。」

機率理論

認為股票市場為不確定的世界，是過份單純的想法，但也不是什麼誇大的說詞。在這個世界裡，成千上萬的力量結合在一起產生出各種股票價格，這些力量隨時處於變動的狀態，任何一股力量對股價都有一定的衝擊，而且沒有任何一股力量可以被明確地預測出來。投資人的工作就是縮小不確定性的空間，排除最不可知的部分，而著重在比較可知的事物上。而這就是機率的練習。

當我們在比較不確定的情況下表達意見時，常常會說一些關鍵詞，如：「大概」、「可能」或「不太可能」等。而當我們進一步試著量化這些關鍵詞所代表的不確定程度時，便是機率的問題，所以機率是表達不確定性的數學語言。

貓生小鳥的機率是多少？零。明天太陽再升起的機率是多少？這種百分之百確定的事情，其機率是一。所有不是很確定也不是完全不可能的事，其機率就介於〇與一．〇之間。判斷不確定的程度是機率理論的功能所在。

巴斯卡和費瑪在一六五四年間彼此往來書信的討論，開啓了今日機率理論的源頭。巴斯卡在孩提時就展現出數學和哲學方面的驚人才華，他曾經接受當時一位哲學家同時也是賭徒薛法利耶．梅赫（Chevalier de Mere）的挑戰，試圖解開一個困擾許多數學家的難題。梅赫想要知道兩位牌友如何在牌局完全結束離場前，將彼此應得的籌碼分清楚。爲了解開這個難題，巴斯卡請教另一位數學奇才費瑪，希望共同解開梅赫的挑戰。

伯恩斯坦在他的一本有關風險的書《與天爲敵》（*Against the Gods*）中表示：「巴斯卡和費瑪在一六五四年間針對此難題的書信討論，竟然成爲數學與機率理論發展過程中的劃時代大事。」雖然他們對這個難題的切人方法不同（費瑪使用代數，而巴斯卡則用幾何學），但都能建構出一個系統來決定數個可能結果的機率。事實上，巴斯卡三角可以解決許多問題，包括計算出你最喜愛的棒球隊在世界大賽中輸掉第一場後仍然獲得最後勝利的機率。

費瑪和巴斯卡的創作也是決策理論（decision making theory）的開端，決策理論是探討在未來前景不確定而必須作個決定時的思考過程。伯恩斯坦寫道：「在這種情形下，作決定是控制不確定風險過程中最根本的第一步。」雖然費瑪和巴斯卡在機率理論發展過程中被奉爲始祖，但一直等到湯馬士．貝伊斯（Thomas Bayes）的文章問世，才眞正奠定實用機率理論的基礎。

一七〇一年貝伊斯出生於英國，整整晚了費瑪一百年，也晚巴斯卡七十八年。他雖然是皇家成員之一，但是過著相當平淡的生活，一生中從未出版過任何有關數學的文章。反倒是他過世之後，他的一篇文章〈試解決機會學說的一個難題〉（Essays Towards Solving A problemln The Doctrine Of Chances）才被人發現。剛開始的時候也沒有什麼人青睞這篇文章。然而根據伯恩斯坦的說法，貝伊斯的這篇論文是使貝伊斯在歷代眾多的統計學家、經濟學家及其他的社會科學家中得以永垂不朽的原創著作。

貝伊斯學派的分析使我們有邏輯地思考一系列可能的結果。概念上來說，這是一個非常簡單的程序。首先我們必須依所有可採用的證據，來判斷每一種結果發生的機率。如果任何新的證據出現，先前的機率將會因反應出新的訊息而有所變化。

因此貝伊斯法則提出一種數學程序，協助人們更新先前可能看法（源自於他所謂的事前訊息分配；prior distribution of information），產生新可能看法（他稱爲事後訊息分配；posterior distribution of information）的數學方法。換言之，先前的可能看法結合新的訊息後，產生新的可能辦法，同時改變所有可能結果的發生機率。

這到底是怎麼運作的呢？

想像你與朋友整個下午玩著紙牌遊戲，在遊戲結束時天南地北的聊起天來，你和朋友說著說著就玩起一個賭注：如果你擲骰子一次擲出六的話你就贏。你知道你贏的機率是六分之一，即百分之十六。那麼假設你的朋友在你擲骰子之後，很快的用手蓋住並且偷偷的看一下，然後她說：「我只能告訴你，是個偶數。」根據這個新資訊，你知道你擲出六的機率變爲三分之一，即百分之三十三。正當你考慮是否收手不賭時，你的朋友嘲弄的又加了一句：「不是四。」加上這資訊，你贏的機率又增加爲二分之一，即百分之五十的機率。

機率的主觀詮釋

以上簡單的過程讓你實際將貝伊斯分析操作一次。每一項新的訊息影響原來的機率，這就是貝伊斯推論。

貝伊斯推論主要是企圖分析所有可獲得的資訊，以作爲推論某些現象或事物或下決策的過程，所以各大院校都採用貝伊斯推論來幫助學生學習如何下決定。在校園裡，貝伊斯推論被普遍的稱爲「決策過程的樹狀結構理論」（decision tree theory），在這理論中每一枝樹枝代表新訊息的加入，依次改變最後可能的決定。蒙哥解釋道：「在哈佛商學院，第一年課程中結合最多計量的就是他們所謂的『決定過程的樹狀結構理論』，學生們必須將在高中學到的代數運用在實際生活問題上，他們對代數能被用在實際生活中感到嘖嘖稱奇。」

誠如蒙哥所說的，基本代數在計算機率時非常有用。但是如果將機率理論運用在實際的投資時，我們必須要更深入了解這些數字的計算過程，尤其要了解頻率（frequency）的觀念。

丟一個銅板時任何一面朝上的機率都是二分之一，這代表什麼意義？或者在任何一次擲骰子時，奇數出現的機率是二分之一，這又有什麼意義？一個盒子裡有七十個紅彈珠和三十顆藍彈珠，隨便撿起一顆彈珠是藍色的機率十分之三，這代表的意義爲何？

在以上所有例子中，事情發生的機率被視爲頻率的一種詮釋，且建構在平均法則之上。

假如不確定的事件重複發生無數次，這個事件發生的實際頻率也就是事件發生的理論機率。舉例來說，假如我們丟銅板十萬次，我們大概可以預期人頭出現的次數約五萬次，請注意我並沒有說一定是五萬次。依照大數法則（law of large number）的說法，實際頻率和理論機率只有在無限制的重複下才會相等。雖然理論上我們知道在公平的丟擲銅板得到「人頭」的機率是二分之一，但是除非丟了無數次銅板之後，我們才能說我們得到人頭的實際頻率和理論機率一樣。

處理任何不確定問題時，我們肯定無法作出明確的陳述。然而假如這個問題有一些明確的界定，應該可以羅列出所有可能的結果。假使不確定的事常常重複發生，可藉由發生頻率判斷各種不同可能結果的機率。當事情僅發生一次時，我們判斷該事件發生機率的困難度相對提高。

我們要如何評估通過明天自然科考試的機率呢？或綠灣包裝人隊再次獲得超級杯的機率呢？我們所面對的問題關鍵在於這兩件事和過去的關連性都不高。我們回顧過去所有綠灣包裝人隊的戰績數據，但是我們缺乏在相同情況下，各隊中每人重複對壘時足夠而正確的表現數據。就像我們可以回顧過去自然科測驗的成績來評估明天成績的好壞，可是每次考試內容都不同，我們的準備也不是每次都一樣。

如果沒有足夠的重複考試就不能產生頻率的分布，我們該如何計算機率呢？當然不能。所以我們必須依賴主觀詮釋的機率，其實我們常常這樣做。我們通常會說綠灣包裝人隊贏得冠軍的機會是二比一，或者會說明天通過困難的考試機率是十分之一等，這些都是機率性的表達方式，用以描述我們對事情發生的相信程度（degree of belief）。當事情無法重複發生無數次使我們取得實際頻率來詮釋機率時，就必須仰賴自己的感覺。

你現在應該已經知道主觀的機率詮釋使你在這兩件事上作了錯誤的判斷。依照機率的主觀詮釋，其實是你自己在對事情的可能結果作出主觀的判斷。停下來好好想想你的情況，你說可以考好自然科考試的機率是十分之一，到底是因爲考題可能太困難而且你沒有充分的準備，還是因爲你只是很謙虛的隨口講講而已呢？是不是因爲你對綠灣包裝人隊的一片赤膽忠心，使你認爲它比所有其他隊伍都強得多？

根據貝伊斯推論，假如你相信自己的假設是合理的，那麼你認爲特定事情發生的主觀機率與實際頻率一樣是可接受的。但是你必須篩選出不合理及主觀的假設，便於分離出合理的假設，最好把主觀機率當作是實際頻率的延伸。事實上，在許多情況下主觀的機率詮釋通常會加入個人的價值觀，使你將實務經驗列入考慮，而不僅依賴數據的規律性遽下判斷。

不管投資人認識機率與否，事實上投資人所有的決定都是機率的運用。投資人如果想要成功，結合歷史資料以及最近獲得的資訊所估算出的機率是非常重要的，這就是貝伊斯推論的實際運用。

巴菲特的機率運用

巴菲特說：「先把可能損失的機率乘以可能損失的量，再把可能獲利的機率乘以可能獲利的量，然後兩相比較。雖然這方法並不完美，但我們盡力而爲。」

風險套利的操作正好說明了投資與機率理論的關連性。巴菲特曾經與一群史丹佛大學學生分享他對套利的看法：「過去四十年來我一直在做風險套利，而我的老闆葛拉漢在我之前已經做了三十年。」單純的套利是從兩個市場對某一股票不同的報價中，買低賣高賺取差價。舉例來說，世界各地許多市場對許多商品和貨幣都有報價，如果不同市場對相同商品的報價不同，你可以在低價的市場買進，到高價的市場賣出，從差價中套利。

現今更普遍運用的風險套利的方法很多，包括利用公司宣布合併或收購的時機從事套利（一些投機客甚至將套利運用在公司尚未發布的利多利空消息前後的股價差異上，巴菲特避免做這樣的事，我們也不應該這麼做）。巴菲特說：「我通常會先去評估這個併購實現的機率有多大以及潛在的獲利和損失空間。」

在巴菲特繼續他的論點之前，讓我們模擬下列一個情節。假設一家阿伯特公司（the Abbot）以每股十八元開盤，到了盤中大約十點多，公司宣布今年或許六個月內阿伯特公司將以每股三十元賣給卡士太勞公司（Costello），阿伯特公司的股價立刻快速上升到二十七元，然後在此點逐漸開始盤整並且上下震盪。

一旦併購消息曝光，巴菲特會立刻評估。首先，他會設法了解併購案消息的確定性，有些公司併購案不見得如外界揣測的一樣會實現，原因可能是董事會成員反對併購，或者是聯邦貿易委員會（Federal Trade Commission）有反對的聲音。所以沒有人能確定這種風險套利的機會是否會被終結，這正是風險所在。

巴菲特的決策過程其實是一種主觀機率的運用，他解釋道：「假如我認爲一件併購案有九〇%發生的機率，而且股價受此激勵上升的可能空間有三塊錢；相反地，這個案子有一〇%的機率不會發生，而股價因此下滑的空間約有九塊錢，我會認爲這個案子的數學期望值爲一．八美元（90%×3—10%×9）。」

巴菲特認爲接下來必須了解這個案子所含括的時間長短，然後將這個案子的投資報酬率與其他機會的投資報酬率相比較。假設你是以每股二十七元買進阿伯特公司的股票，依據巴菲特的算法，這個案子的潛在報酬率爲六．六%。假如併購案預期在六個月後才發生，則本案的年報酬率是一三．二%。巴菲特會先比較此項風險套利的年報酬率與其他投資機會的報酬率，再作投資決定。

風險套利通常隱含潛在的損失。巴菲特坦承：「拿套利作例子，其實我們就算在獲利機率非常確定的併購交易案中虧損也無所謂，但是我們不願意隨便進入一些預期損失機率很大的類似投資機會，我們希望計算出來的獲利機率預期，能眞正成爲決定是否投資的指標，而不只是隨便作參考的數據而已。」

我們可以明顯看出巴菲特在風險套利的機率評估是相當主觀的。風險套利並無實際獲利頻率可言，因爲每一次的交易都不同，每一種情況需要作不同的獨立評估。即使如此，理性的數學計算仍能顯現出風險套利交易的期望值。

這種評估過程和投資股票的評估過程沒有什麼不同，現在讓我們透過柏克夏－哈薩威公司兩個經典的投資案來了解這個評估過程：威爾斯－富國銀行（Wells Fargo）及可口可樂公司。

威爾斯－富國銀行投資案

一九九〇年十月，柏克夏－哈薩威公司買進威爾斯－富國銀行股票共五百萬股，以每股均價五七．八八美元計算，總投資金額達兩億八千九百萬美元。由於這次的投資使柏克夏公司擁有這家銀行一〇%公開發行的股票，也順理成章成爲其最大股東。

這個舉動備受爭議。年初時，該銀行股價曾經到過每股八十六美元的高價，之後由於投資人大舉拋售所有位於加州的銀行股票，股價也隨之大跌下來。那時美國西岸正經歷嚴重經濟衰退的痛苦，一些人推測由於龐大的商業及住宅貸款，銀行呆帳大幅攀升，嚴重侵蝕銀行獲利。而該銀行是承作加州地區商業及房地產貸款業務最大的銀行，財務狀況當然被視爲特別脆弱。

巴菲特非常明白大家的合理懷疑，但對於威爾斯－富國銀行，他則有不同的見解。他知道其他投資專家所不知道的事嗎？這倒也未必，只是他對整體情況的分析看法不太一樣。讓我們與巴菲特一起走一趟他的思考過程，這樣我們就可以更清楚巴菲特如何運用機率來評估投資。

首先，巴菲特非常了解銀行業。柏克夏公司曾經在一九六九至一九七九年間擁有伊利諾州國家銀行暨信託公司（Illinois National Bank and Trust Company），當時的銀行總裁堅尼．阿貝戈先生（Gene Abegg）曾經告訴巴菲特，一家經營完善的銀行不僅獲利要成長，也要在股東報酬率上交出漂亮的成績單。同時巴菲特也學習到經營銀行最重要的是，經營管理階層的所有作爲將決定該銀行的長期價值。差勁的經理人員在不明智的放款中往往增加經營成本；而優秀的經理人員總是在尋找降低成本的方法，並且很少承做風險過高的放款。

當時威爾斯－富國銀行的總裁卡爾．瑞得（Carl Reichardt），是從一九八三年開始經營該銀行，其成績令人刮目相看。在他的領導下，獲利不但逐年增加，股東報酬率也超越業界平均水準，經營效率高居全國之冠。同時瑞得也建立了堅實的放款組合。

巴菲特說：「擁有銀行並不是沒有風險。」然而，在他的心目中，擁有威爾斯—富國銀行的風險集中在下列三種情形：

「首先，在加州的銀行要面對大地震來襲的問題，或許會對借款人財務情形造成嚴重的損壞，連帶危及放款的銀行。」

「第二項風險是商業的緊縮或金融恐慌，將危及許多家進行高財務槓桿的公司行號，無論企業主如何高明或公司多有前景，都沒有用。」

「最後，市場最害怕的是風暴造成美國西岸房地產價值大幅滑落，由於房子超蓋和財務盲目擴充，勢必帶給銀行團龐大的呆帳。」

巴菲特說這些情形沒有任何一項可以排除在外。然而根據他手上取得的證據顯示，大地震來襲或經濟恐慌的機率相當低（巴菲特沒有給我任何明確的數據，但是他所說的機率很低，通常指發生機會低於百分之十）。

所以他將注意力轉向第三種情形，他理性的分析認爲，房地產價格滑落尚不會對像威爾斯—富國銀行這種經營良好的銀行造成太大的困擾。巴菲特解釋：「讓我們分析以下的數據，威爾斯—富國銀行現在每年扣除三億美元呆帳損失，稅前獲利超過十億美元。即使它有四百八十億美元的總銀行放款（含房地產的放款），因爲一九九一年的金融風暴，使得其中有百分之十無法回收，本金的損失加計應收的利息損失（損失大約為本金的三〇%），銀行還是可以收支相抵。」

通常銀行逾放比高達一〇%時，也就表示已經有普遍商業嚴重緊縮的問題，但巴菲特早認定商業嚴重緊縮的機率很低，而且就算事實如此，威爾斯—富國銀行仍然可以收支相抵，顯示該銀行體質的優異。巴菲特繼續說：「像那樣的一年，我們評估該銀行獲利大壞的發生機率很低，所以市場傳言並不會困擾我們。」

在巴菲特心裡模擬的多種可能情形，任何一種情形對威爾斯—富國銀行造成長期負面衝擊的機率都很低。雖然該銀行的股票價格已經下跌了五〇%，但是巴菲特反而認為在這個時點購買威爾斯—富國銀行的股票，賺錢的機會大約是兩倍，而犯錯的機率卻不會因此提高。

雖然巴菲特在用機率表述他的看法時，並沒有明確提供我們任何參考數據，但是他的思考過程仍然有其價值存在。不管你是否用主觀或客觀的詮釋觀點，從機率來考量投資都會使你在買進前作理性和清楚的思考。當其他投資人沒有考慮那麼清楚時，巴菲特已經用機率理論來分析投資威爾斯—富國銀行的可獲利程度，因而能立即採取行動並且獲利。巴菲特說：「從機率的觀點來衡量某投資案的利弊得失，假如你最後認為獲利的可能性超越損失的可能性時，就可以小心翼翼地駕馭風險較高的投資。」

可口可樂投資案

投資可口可樂公司又是另一個完全不同的典型。在威爾斯－富國銀行的例子中，巴菲特羅列出許多可能衍生的情形，並且賦予不同的機率。而可口可樂的例子告訴我們，當巴菲特知道正確的機率時會如何做。在可口可樂的案例中，巴菲特再次運用他的投資策略之一：當獲利機率非常高時，放膽加碼大筆投資。

巴菲特並沒有說明在可口可樂的投資案中，他如何運用貝伊斯推論分析，然而他常常說可口可樂是他非常確定會獲利的投資案代表。由於可口可樂公司上市歷史悠久，有超過一百多年的財務及股價資料，所以獲利機率分析可以非常接近實際頻率分布分析。

只要使用貝伊斯推論，並且不斷加入新的資訊，巴菲特可以了解到可口可樂公司在負責人羅伯托·古茲維塔（Roberto Goizueta）領導下所創造出的改革。因爲古茲維塔賣掉旗下經營不善的事業，並且轉投資高獲利的糖漿生意，巴菲特知道可口可樂的營業利益必定有所改善。除此之外，古茲維塔在市場上持續買進可口可樂的股份，更增加整個公司的經濟價值。

一九八八年起，巴菲特發現可口可樂的市場價格低於可口可樂實際內部價值約五〇%到七〇%，他堅定的認爲可口可樂的股價未來漲幅超越大盤的機率會愈來愈大。巴菲特做什麼呢？

他決定在一九八八和一九八九年間透過柏克夏—哈薩威公司名義，買進價值一兆美元的可口可樂股票，總投資金額占柏克夏公司整體股票投資組合規模的三〇%。到一九八八年底前，這筆投資的幣值已經超過十三兆。

凱利最佳化模型

每當你步入職業賭場，後來成爲贏家而步出賭場的機率是相當低的。其實不要對這個結果感到驚訝，因爲我們早就都知道莊家總是有最好的機會。但是玩二十一點就不同，假如我們玩法正確的話，就有機會擊敗莊家。在全球最暢銷書《擊敗莊家：二十一點決勝秘訣》（*Beat the Dealer: Strategy for the Game of Twenty-One*）中，數學家兼作者愛德華・索普（Edward O. Thorp）勾勒出如何以智取勝、打敗賭場的過程。

索普的策略其實是很簡單的概念。當莊家起先發給你的牌以十點、或人頭、或么點爲多時，通常你在統計上有贏莊家的優勢。莊家再發牌給別人時，每當出現大牌時心中就默默扣一分，而每當出現小牌時心中就默默加一分，這樣你可以輕鬆追蹤莊家發牌的狀況，只要每張牌一出現，就在心中不斷的加加減減。當累積計算的結果多爲正數時，就可以知道許多大牌可能即將出現。聰明的玩家會把籌碼留下作勝率最高的賭注，也就是當心中累計的數字較高時。

如果深入索普的書中，你會發現有凱利賭注模式。而凱利自己則是受電腦理論發明者克勞德・宣儂（Claude Shannon）的啓發。

一九四〇年代貝爾實驗室（Bell Laboratories）的數學家宣儂花費他職業生涯的大半時間，試著找出透過銅線傳達電子訊息的最佳方法，並且使資訊不會在傳播時受到金屬分子噪音所扭曲。一九四八年宣儂在〈傳播的數學理論〉（A Mathematical Theory of Communication）這篇文章中描述他的偉大發現：他用數學公式計算出有多少電子資訊能夠同時成功的通過銅線。

數年後數學家凱利讀了宣儂的文章之後，發現這則數學公式可以輕易的運用在賭博上，因爲賭博也是人類企圖靠預測機率以提高獲利的遊戲。一九五六年凱利在一篇題爲〈資訊傳輸速率的全新詮釋〉（A New Interpretation of Information Rate）報告中指出，宣儂計算出各種資訊傳達的可能速率，其實和機率在本質上是相同的東西，同一個數學公式可以使兩者達到最佳化。

凱利公式

凱利的最佳化模型常常被稱爲最佳化成長策略（Optimal growth strategy），也就是如果你知道各種可能成功的機率，可以將大部分的資金押在成功機率最大的可能性上，使成長率大幅擴大。我們可以用下列數學公式來表達：

$$2p-1=x$$

二乘上成功的機率減一等於應下注的資金百分比。例如，如果打敗莊家的機率是五五%，你應該下注一〇%的資金，擴大你的獲利；若勝率爲七〇%，則應下注四〇%的資金。若知道贏的機會一〇〇%，這模式會告訴你必須押注所有的資金。

凱利的公式在兩個條件下最宜使用：一、必須在最少的時間內達成某種程度的勝利時；二、必須使財富以最高成長率增加時。例如：兩位二十一點的玩家，每人手上都有一千元的賭資和二十四小時。第一位玩家每一次出手限制只出一元，而第二位玩家則依牌局的吸引程度改變賭注的大小。假如第二位玩家遵循凱利的方法，以贏的機率高低來調整不同百分比的賭注，二十四小時後他將比第一位玩家賺得更多。

股票當然比二十一點複雜多了。二十一點有一定數量的牌，因此可能的結果有限。但股票市場上有數以百計的股票與成千上萬的投資人，幾乎有無限的可能結果。如果採用凱利模型，在投資過程中必須持續反覆的計算，並且調整投入的資金。

讓我們再次回到前面兩位玩家。現在如果他們不是二十一點的玩家，而是股市投資人。一號投資人每一次僅能投資其可投資總金額的一%，而第二位投資人可依他認爲的獲利機率而改變投資金額。哪一位投資人在設定的時間之內，能使其資本有最滿意的成長機會呢？是知道並非每一檔股票有相同的獲利機率，所以每一次都只投資一%的投資人呢？還是等候高獲利機率時點出現，然後大筆進場的核心投資人呢？

雖然沒有任何證據顯示巴菲特使用凱利的模型來分配柏克夏公司的可投資資本，但是我認爲凱利的概念是一個合理推理的過程，同時它也與巴菲特的想法不謀而合。巴菲特建議投資人要等待最佳機會出現時才大筆進場。凱利的模型其實很適合用在每一筆投資案，因爲其數學上的解釋讓投資人對資金應如何分配更了然於胸。

凱利模型的限制

我相信凱利模型對核心投資人是很吸引人的工具，然而它只嘉惠那些以負責任態度使用的人。使用凱利模型也會有風險，聰明的你必需了解它的三種限制。

首先，任何想要投資獲利，不論是否運用凱利模型，都應該要有長期投資的眼光。即使二十一點玩家擁有很好的評估模式可以打敗莊家，但並不見得在前幾把就可以馬上顯現出效應。投資也是同樣的道理，多少次投資人選擇了正確的公司投資，但是市場卻花了相當長的時間來回饋這項選擇。

第二，儘量避免使用融資槓桿操作。葛拉漢和巴菲特大聲疾呼融資借款投資股市的危險性

（用保證金帳戶）。不預期的資金贖回通知常發生在最倒楣的時候。假如在保證金帳戶中使用凱利模型，股市下滑可能會迫使你賣掉獲利機率很高的投資。

第三，當你想要運用機率的高低來擴大報酬時，最大的風險是超額押注的風險。假如你判斷這次投資有七○%的獲利機率，但事實上卻只有五五%的時候，你將面臨所謂「自我毀滅」（Gambler's ruin）的風險。減少這種風險的方法就是只投入凱利模型所建議投入資金的一半或一小部分，這樣可以增加你投資的安全性，並且提供你心理層面的安慰，我們姑且稱這種方法為「凱利分割模型」（Fractional Kelly Model）。

舉例來說，凱利模式告訴你應該投入所有資金的一○%（表示有五五%成功的機率），你或許只要投入五%就好（凱利建議的一半），用這種方法可以提供投資組合一個安全的空間，如果再配合安全毛利率選股策略，可以使投資組合享受雙重保障。

因為超額押注的風險所遭受的損失遠遠大過保守型的賭法，特別是那些剛開始使用核心投資策略的投資人，更應該採用凱利分割模型建議的額度。不幸的是，縮小投資額度也就縮小潛在的獲利。然而由於凱利模型中，投資金額與獲利率的關係為拋物線型，所以縮小投資的風險並不大。採取凱利模型建議的一半金額投資，雖然減少投資金額五○%，卻僅僅減少二五%的潛在獲利率。

花費大半篇幅說明凱利模型的含意和例子，為了加深讀者的印象，我在這裡簡單總結之前討論的重點：

一、為了發揮凱利模型的效果，首先你必須願意以機率的角度來決定是否買進某檔股票。

二、為了達到預期報酬，願意長期抗戰。

三、避免使用融資買進股票，以免發生不幸的結果。

四、每一筆投資最好要保留安全空間。

愛德華．索普說：「凱利系統是針對那些想要使自有資本複利快速成長的投資人。若你有許多時間和耐心，這是你最正確的選擇。」

保險就像投資

巴菲特說：「保險在許多方面很像投資，假如你覺得每天都必須投資，你將會犯下許多錯誤。」想要靠投資或保險獲利，「你必須等待一個最佳時機。」

巴菲特從一九六七年就進入保險的領域，因為那一年柏克夏－哈薩威公司投資國際保險理賠公司（International Indemnity Company）。之後巴菲特開始投資更多保險公司，包括蓋可汽車保險公司以及最近投資的通用再保公司（General Re Corporation）。蓋可公司直接銷售保險給客戶，不經過任何代理人，該公司已成爲最低成本的保險公司，現在正準備搶占一千億汽車保險市場的大餅。通用再保公司在一九八八年底完成一百六十億美元的合併案後，使柏克夏－哈薩威公司成爲全球最大的大型災難（Supercatastrophe）再保的承保公司。

大型災難的再保保險單是由主要的保險公司購買，希望能保障它們自己因理賠天然災害所造成的財務損失，這些天然災害主要包括地震或颶風。通常一般保險公司會承擔單一災難損失到一定程度，然後透過另外的再保公司承擔任何超過臨界點的損失理賠。柏克夏－哈薩威公司不但對一般保險公司提供大型災難的再保服務，同時也對其他想要分散再保風險的再保公司提供服務。

大型災難險很難定價，因爲很難取得正確的發生頻率分布及相關資料（地震和颶風發生的次數並不足以構成有效的參考數據；相對地汽車保險可較輕易的依大數法則來定價）。巴菲特說：「大型災難的保險公司不能單靠過去的經驗來定價。舉例來說，假如世界眞的有溫室效應現象，各種天候的發生機率就會改變，因爲大氣中微小的改變累積一定時間後，即會產生重大的改變。」再者，巴菲特說：「近幾年來美國海岸區域湧進了許多人口，而在這些區域的保險特別容易受到颶風的侵害，颶風通常是在這些地區造成大型災難的第一大原因。二十年前颶風所造成的損失，若發生於現在可能是當年損失的十倍。」

由於預測颶風與地震來襲相當困難，你可能會認為評估這些災難發生的機率就像是賭骰子一樣，其實並不是如此。巴菲特說：「就算評估此種風險機率無法百分之百精確，但保險公司還是可以小心的承保。我們通常不需要知道一個人的正確年紀，就可以判斷他是否取得投票資格，也不必要知道這個人的正確重量才能認定他需要減肥。」巴菲特認為這種過程不能算是非常科學實證，雖然有一些人會對這種不確定性感到不放心，但是他卻不會。他說：「我只能很肯定的說，我們擁有全球處理大型災難理賠最好的經營者亞季特．傑恩（Ajit Jain），他可以說是柏克夏─哈薩威公司最重要的資產之一。」

亞季特不但是領導天才，也是柏克夏公司大型災難保險理賠事業的發展者。他在印度出生，並且受教於哈佛商業學院。在加入柏克夏─哈薩威公司投資的國際保險理賠公司之前，亞季特曾在ＩＢＭ和麥肯錫顧問公司（McKinsey Consulting）工作。亞季特很有遠見，他預見大型災難保險的成長潛力，也認定柏克夏─哈薩威公司雄厚財力的競爭優勢。

像巴菲特一樣，亞季特清楚的知道從事這行業需要具備主觀詮釋機率的能力。「事實上，大型災難的保險事業並沒有許多有意義的歷史資料可供作分析，所能做的只是從歷史資料去做推測，是非常主觀的預測藝術。」

大型災難保險事業是一種低頻率、高嚴重性的預測，和核心投資策略很相似。核心投資策略就是在獲利機率很高時才決定投資，沒有好機會的時候就靜心等待，不輕舉妄動。假如操作得宜，核心投資組合失敗的頻率很低，但萬一失敗發生時，損失將非常嚴重，受損的程度較一般投資組合大。

我曾經有機會問蒙哥關於核心投資與大型災難保險理賠類似的地方，他笑著告訴我：「背後的原理都一樣。」果眞如此，大型災難保險事業過去的發展過程，可以作爲核心投資人的借鏡。從本質來看，大型災難保險是所有保險中最不穩定的，因爲大型災難發生的機率較小。大型災難保險事業在大多數的年份中可以預期到會享受高額的獲利，但偶爾發生的大災難會造成較大的損失。我們必須了解的是，大型災難保險公司終有碰上眞正糟糕的一年，唯一的問題是這一年什麼時候才會來。

大部分的時間獲利，偶爾出現較大的損失，在某些時點上會是最糟糕的一年，這樣的描述似乎完全符合核心投資的風格與大型災難保險事業（回憶一下在第四章凱因斯、蒙哥、諾內、辛普森等核心投資人的歷史表現）。既然是蘊藏潛在的可能損失，爲何巴菲特還要投資大型災難保險事業？他採用核心投資策略大概也是基於同樣的理由。

巴菲特解釋：「我們有時候遭逢較大的損失，然而蒙哥與我都願意用相對不穩定的結果，來交換比一般獲利更高的長期獲利。大部分的經理人選擇平穩的過程，當我們試著增加報酬時，就有較大的競爭優勢。換言之，相對於平穩的一二%報酬率，我們選擇過程崎嶇的一五%。」

一切都跟機率有關

蒙哥在南加州大學演講時表示：「我喜歡的模式是可以簡單分析出股票市場特性的模式。如果你仔細想想投資股票市場，其實就像是在玩賭馬一樣簡單。由於每個人下注的金額和選擇不一樣，賭中的機率也會隨之改變，這就像是股市的特性。」

蒙哥繼續由賭馬的觀念來探討，他說：「每一個人都看得出來，身型輕盈矯健、過去勝率較高的馬匹，比起那些體態臃腫、屢戰屢敗的馬匹，有絕對的優勢。光看每匹馬的彩金賠率，就可以大略知道馬的好壞，較差的馬匹一賠一○○，而比較看好的馬可能只是二賠三。但是要如何下注才有可能又正確、又賺得多，就很難講了。由此可知，各種價格的變化調整，使得我們很難有什麼固定的模式破解整個系統。」

蒙哥的賭馬比喻提供投資人一個不錯的思考角度。投資人常常在認爲獲利機率很大的時候投資，但是卻又因爲無數的理由而沒有獲利。換句話說，投資人常常不考慮後果，就一頭跳進自認爲獲利機率很高的投資。對我而言，最理想的賭馬或投資股票的方法，就是靜待眞正好的馬或投資標的出現。

《華盛頓郵報》專欄作家，同時也是許多有關賽馬書籍的作者安得魯·拜爾（Andrew Beyer）花了許多年觀察經常進出賭馬場的人，他發現有許多人由於太急躁而輸錢。賭馬和其他賭博場合一樣，都有其誘使衝動的賭場心態，它們都希望你趕快下注，趕快擲骰子或拉霸等，迫使人愚昧地下注，沒有時間思考自己在做什麼。

拜爾了解這種急於進入賭局的衝動，他勸告各位玩家在隨性下注與重點下注時採取不同的策略。重點下注要保留在非常冷靜的時刻，譬如當以下兩種情況發生時：一、對這匹馬獲勝的能力有很高的信心。二、現場實際賠率比預期應有賠率來得高時。重點下注是沉穩冷靜，但隨性下注的玩法，就如同其名所蘊含的意思一樣，只是爲了滿足玩家的心理需求，沒有絕對的勝算，投機性高，只能小賭，眞正的玩家是絕對不會讓這種玩法成爲常態。

拜爾認爲當賭馬的玩家開始模糊這兩種賭法的差異，沒有適當的在強和弱之間作正確的抉擇，他將無可避免地輸得兩袖清風。

新的思維

其實很多人都不習慣藉由數學的運用與機率的計算作爲投資的參考，甚至感到害怕。蒙哥曾經說：「大部分的人在處理一般的機率與數字問題是不折不扣的笨蛋。」在這方面下苦工值得嗎？毫無疑問，值得。

或許在進入更繁瑣的討論前，最好先回憶一下整個大方向，也順便複習一下我們先前在這一章學到的東西，對我們會有所助益。

當我們在看巴菲特的投資組合策略時，我們首先會注意到的一件事，就是他深信在獲利機率高的投資案上集中加碼投資。這引導我們回到一個問題：到底什麼是機率？我們又要如何界定它？

計算機率

假如在你衡量的環境中，可能的結果有限，那麼機率計算很簡單。譬如一個骰子有六個面，所以任何一面朝上的機率就是六分之一。

若可能的結果是無限的，而且你可以從歷史中擷取許多例子的話，那麼就可以用發生的頻率分布來決定機率的高低。這就是一般用來作氣象預測的方法，也是車險公司建立不同層級駕駛人保險費率的方法。

若可能的結果是無限的，但無法從歷史中取得足夠的重複發生次數作成頻率分布時，那麼必須盡可能蒐集更多資訊，佐以周密完整的分析，最後用自己的主觀作機率的預測。在此一情形下，機率的高低與分析判斷時的信心程度相關。

無論情形是屬於上述哪一種狀況，一旦對將來特定事件發生機率作出判斷，都必須以百分比數據來顯示機率的高低，譬如用五〇%、七〇%等。

這就是以當時所得的最多資訊，作出的機率評估。可是一旦新資訊、新的變數又出現時，我們該如何是好呢？

調整計算以容納新資訊

假設新資訊出現，而且由於各類情況顯示可能至少會有一個以上的結果時，那麼必須採用樹狀結構理論來表示：譬如若X發生時，成功的機率是五五%，但若Y發生時，機率變爲七〇%。

由於許多變數的發生，使答案變得更複雜。但分析過程都是相同的：先蒐集所有的資料，再仔細分析每個變數發生時所造成的影響，這就是貝伊斯推論。對每一可能的結果，都計算出一個相對的發生機率。若你是對數字特別敏感的人，這的確對你助益很大。但你不見得一定要具備這項天份。

既然已經知道機率是什麼，我們可進入下一個問題：到底應該投資多少？換句話說，投入多少資金才適當？

決定投入資金的大小

凱利最佳化模型會告訴告訴你要投入多少資金。當整個情況像股市一樣變動和複雜時，模型的運用最好不要太死板，預留轉圜空間以防持續改變的力量。但是基本概念仍然適用：當機率上揚時，投資金額也應相對提高。

現在我們已經了解兩個概念：機率和投資歸模的大小。最後還有一個問題：該在何時進場？答案是耐心等待最有利的進場時機。

觀察進場時機

選擇最有希望在比賽中獲勝的馬匹，代表有最高的獲利機率。但若賠率只是二賠三時，這就不是一個好的賭注，因爲潛在的獲利並不特別令人興奮。但你的訊息顯示，另一匹馬有很高的獲勝機率，而且賠率更有利時，這或許是個大賭一場的時機。

機率理論與市場

現在不談賭馬，也不談理論，而是運用相同的思考過程，實際運用在股市中。

一、計算機率：作爲一位核心投資人，只選擇投資少數你非常了解的公司，因爲這是長期打敗市場的最好方法。所以當你想買股票時，目標是選擇表現會優於市場的股票。你應該在意的機率是，投資這檔股票的報酬率高於整個市場的機率有多大？

如果可以使用頻率分布就用頻率分布的方法，如果無法使用頻率分布時，就採用主觀的機率詮釋，盡可能作出最佳的評估，但必須注意標的公司是否符合巴菲特的選股原則（見第一章）。首先要很完整的蒐集標的公司的資料，用巴菲特的衡量方法分析，並將結果盡量用數字表達，因爲數字可以強烈顯示標的公司的成功機率。

二、調整計算以容納新資訊：密切注意標的公司的一舉一動，同時耐心等待最有利的機會。譬如管理階層是否不負責任？財務決策是否開始轉變？外在競爭環境是否改變公司的競爭優勢？機率將會隨著新的變數而有改變。

三、決定投入多少資金：在所有可投資資金中，到底有多少應用於投資特定標的公司呢？

可以用凱利公式算出額度再往下作調整，大約可以調到計算金額的一半左右。

四、等待最佳的進場時機：最佳的進場時機就是當你有比較大的安全空間時。情況愈模糊不清，愈需要較大的安全空間。在股市中，當股票被超賣的時候，它所提供的安全空間就愈大。換句話說，當標的公司股價低於其實際內部價值時，就是準備採取進場行動的訊號。

我確定這樣的過程需要持續的調整，因為當環境改變，機率也隨之改變，而新的機率或許需要新的安全空間。所以必須要隨時調整你的思考，進而發覺何種組合的獲利機率最大。如果你覺得這個過程太難的話，想想每一次開車時，你必須做出數以百次的調整，以期適應周遭道路環境的改變。你幾乎感覺不到所做的改變，但是這對自己和其他人的安全有很大的保障。追蹤幾家公司相對來說比較不麻煩。經驗累積愈多就會愈順手。

蒙哥說：「沒有人天生異稟，可以隨時知道所有的事，但是對那些努力用功的人，這些人尋找和篩選出價格不對稱的投資標的，就會因此找到一個機會。」蒙哥繼續強調：「當機會來臨時，聰明的人就賭大一點。他們賭大是因為他們有機會。沒有機會的時候，就收手不做，就這麼簡單。」

數字的美麗

在這個世界裡有很多喜歡數字的人，他們對單純數學的敬重，就好像其他人對古典音樂或漂亮的手工骨董家俱一樣。對他們而言，機率的計算本身就是一大快樂。

對其他人而言，數學只是完成事情或增加了解的工具。在這一章裡，我們運用到一些相當生活化的數學，只要常練習保證你會愈來愈上手。

蒙哥說：「你必須學習時時將這些基礎數學運用在生活中有用的地方，就像是例行公事一樣。假如連基礎的數學都不懂，機率的數學運算讓你感到不自在，那麼你就像一個獨腳人在玩踢屁股遊戲一樣，完全沒有優勢可言，準備等著被別人修理。」

巴菲特之所以成功毫無疑問是與數字有密切的關係，蒙哥說：「我爲他工作這麼多年，深深體會到像他這種人的最大優勢，就是他會自動的用樹狀結構及基礎數學的排列組合來思考。」大部分的人都不會這麼做，因爲大多數的投資人似乎在心理上沒有習慣用多元的變數來思考可能的發展，我們通常傾向用武斷的猜測來作決定，而忽略各種可能結果的發生機率。

用機率來思考並非不可能；只需要以不同的方式看問題就好了。如果你的投資並沒很高的獲利機率時，通常你的結論就會比較傾向於情緒化的偏見。下一章我們會提到投資人的心理情緒，特別是對金錢方面的情緒，如何引領我們走上錯誤的投資方向。

但是如果能學習思考機率，你將可以利用所學的投資知識，創造利潤可口可樂及其他優秀公司的股票價格不常跌到低於其眞正價值之下，可是一旦這種情形發生，你就應在財務上或心理上都有大賭一場的準備。同時要把研究股市當成正規事業，等待市場出現大好的投資機會。巴菲特說：「大家應該想想沒有什麼事情是絕對可能，蒙哥和我認爲我們絕不會想出些什麼神奇的新花樣出來。我們絕對可以做的就是：在投資組合中加入一些高獲利機率的股票。」

第七章 投資心理學

我一直不相信投資成功與否跟心理的誤判有關，直到我發現我的心態已經造成不小的損失。

——查理．蒙哥

心理是左右人類行爲的主要因素，可是在效率市場等現代投資理論中並沒有占得一席之地。依照效率市場理論支持者的看法，市場效率的產生純粹是因爲投資人在取得所有訊息後，可以迅速而理性的制定價格。

但曾幾何時人們對於金錢的態度是理性的呢？

人類只有對金錢以外的少數事物上，較不受感情因素影響，對財務，人們特別容易作出情緒化且不符合邏輯思考的決定。若不把人類的心理因素納入考慮，而想要對投資理財有更深入的了解，就像是沒有地圖，只靠著指南針航行一樣，你已經忽略了非常重要的工具。

當我們探討股市時，將人類的心理因素納入特別重要，因爲愈是抽象的環境，受到無形的心理因素影響就愈大，而股市對許多人來說非常的抽象。我們將會發現許多誘使人們買賣股票的因素，只能以人類行爲的角度來解讀。股票市場是由所有股票投資人的買賣決定所形成，所以我們可以放心的推論，整個市場主要是受到心理影響而產生推升或拉回的現象。

許久以來，效率市場理論被認定是最適當的模型，任何其他的模型理論包含市場的心理影響等，都沒有受到應有的重視。這個現象直到最近仍是如此。但是在過去的幾年中，我們已經見到革命性的理論出現，許多學者已經開始認眞的透過人類的行爲架構來分析投資理財的議題。這種經濟學與心理學的融合被稱之爲行爲財務學，剛剛才從大學象牙塔裡孕育出來，也逐漸成爲投資專業人員談話的重點內容之一。如果仔細回想這種理論的起源，可以追溯到和藹可親的葛拉漢身上。

市場先生

被後世公認爲財務分析之父的葛拉漢，他的價值導向投資策略幫助了成千上萬的人挑選股票，但是人們常常忽略葛拉漢有關心理因素對投資影響的看法。在《證券分析》與《做個智慧型投資人》兩本書中，葛拉漢用了許多篇幅來解釋投資人的情緒變化如何造成股市的變動。

葛拉漢知道投資人最大的敵人不是股市，而是自己。就算是具備優越的數學、財務及會計能力的人，如果他無法控制自己的情緒變化，也很難從投資中獲利。

葛拉漢最有名的學生巴菲特解釋道：「葛拉漢有三點重要的主張：第一、把投資股票當作生意來看，這樣將會『使你擁有與其他市場上的投資人非常不同的觀點』。第二、要有安全利潤空間的概念，因爲『它將帶給你競爭優勢』。第三、面對股市時要以一個眞正投資人的態度，『若你有那樣的態度，你已經九九％領先其他投資人』，這對你而言有很大的優勢。」

葛拉漢認爲投資人若想要建立面對股市的正確態度，就必須在心理及財務上作好準備工作。因爲市場無可避免的會上下震盪，投資人不僅要了解下跌的發生可能，更要以沉穩的情緒面對。同時投資人對股市下跌的反應，應該要像老闆遭顧客提出價格無法接受一樣，必須完全忽視這回事。葛拉漢說：「眞正的投資人從來不會被市場形勢所迫而賣出股票，也不會關心短暫的價格走勢。」

爲了更生活化的說明自己的觀點，葛拉漢創造了一個寓言故事的角色，稱之爲「市場先生」（Mr. Market）。有關市場先生的那些著名的故事，已經成爲教導學生們了解股價在一段期間後爲何以及如何偏離合理價位區間的教材。

想像你與市場先生是一家私人企業的合夥人，市場先生每天都會告訴你，他願意買進你的股權或賣出他的股權的價位。雖然你們共同擁有的公司很幸運地具有穩定成長的特性，但市場先生給你的報價卻不是如此穩定，因爲市場先生的情緒常常不穩定。有些日子他很快樂，感覺前途一片光明，在這段日子裡，他願意以非常高的價格買你的股權。其餘的時間裡，市場先生非常沮喪，眼前只有困擾沒有別的，此時他的報價就非常、非常低。

葛拉漢說市場先生有一個滿不錯的個性，那就是他並不介意被別人責罵變化無常。若市場先生的報價被你忽視，明天他還是會帶著新的報價來。葛拉漢因此警告投資人，市場先生有用的地方是他的報價記事本，而不是他的智慧。市場先生看起來蠢蠢的時候，你可以不理他，甚至占他便宜。但如果你完全受他的影響，結果肯定是一場浩劫。

誤判心理

葛拉漢說：「如果因爲市場非理性的下滑，而決定迅速殺出持股，或開始對未來股市表現過度焦慮的投資人，正好把他們的優勢轉換成爲劣勢。假如他的股票沒有市場報價，他會感到舒服很多，因爲可以免去別人對市場誤判所造成的精神緊張。」

不要因爲別人錯誤判斷而賣出股票，這是葛拉漢所傳授的課程重點，巴菲特在這一點上學得很不錯，他同時呼籲投資人一起實踐這個精神。我們可以很輕易地見到巴菲特在許多場合，與柏克夏－哈薩威的股東分享市場先生的故事。巴菲特時常提醒他們，一個成功的投資人需要良好的商業判斷，並且保護自己避免受到像市場先生所釋放出來的激烈情緒影響。就像他也常透過市場先生的故事提醒自己一樣，他希望投資人也能提醒自己；要與市場的愚蠢波動保持距離。

葛拉漢在六十多年前就開始寫有關市場的不理性，和投資人應該如何保護自己避免犯錯的文章。然而從那時候起到現在，投資人的行爲鮮少有所改變。投資人的表現仍然非常的不理性，害怕與貪婪仍然充斥整個市場，愚蠢的錯誤依舊是每天必然發生。

許多被扭曲的想法和理論環繞在我們的四周，可以從朋友、家人及其他同事的身上輕易發現。如果我們夠誠實的話，我們應該也可以在自己的身上發現遺毒。如果你因爲太近距離檢視自己而感到不舒服，也可以從專家所作的研究中發現這些現象的存在。一九九七年加州大學的行爲經濟學家泰倫斯．歐迪恩（Terrance Odean）發表一篇題名爲〈投資人買賣爲何如此頻繁？〉（Why Do Investors Trade Too Much?）的研究報告，在這篇報告裡，他總結了觀察一萬名不具名投資人買賣行爲的研究結果。

在過去七年（一九八七～一九九三年）裡，歐迪恩從主要的證券經紀公司中，隨意選取了共一〇、〇〇〇帳戶，並追蹤其中九七、四八三有效戶的交易情形。首先，這些帳戶的年平均周轉率達七八%，也就是投資組合中八〇%的股票賣出而後再買回。其次，他以每一季、每一年以及兩年爲階段來檢視這些戶頭內的投資組合，他發現兩項驚人的結果：一、投資人買進的股票與當時市場主流一致。二、他們賣出的股票後來的表現卻眞的打敗市場。歐迪恩表示從過去一年的區間來看，在買賣手續費不列入考量的條件下，所有後來表現不錯的股票，都是在漲三%的範圍內就被賣掉了。

到底是什麼原因激起人們從事這種沒效率的買賣？因爲我們無法回到過去，問他們每個人當時心裡到底在想什麼，所以無法得到正式的理由，或許可能有一萬個理由也說不定。但是我們可以很肯定的推測：當事情與金錢和投資有關時，人們常常會作出錯誤的判斷。

或許對這主題我們討論的還不夠深入。雖然我們可以辨認出投資人的這種非理性行爲，但是我們卻比較少去探討投資人選擇走上這條投資不歸路的原因，答案或許可以從心理誤判的方向獲得。讓我們再從蒙哥的看法開始，深入調查其中的原因。

蒙哥對如何從不同領域汲取知識並融合成眞正的智慧，曾經作了一番仔細的思考。還記得第一章中，他的全方位思考模型嗎？他曾提到我們有必要知道基本的會計和財務知識，同時也要了解統計和機率等知識，才能使我們在投資方面的知識更完整。其中他認爲最必要的學習領域是心理學，特別是他所稱的誤判心理（psychology of misjudgement）。

蒙哥相信最重要的思考缺陷是每個人在思考分析時喜歡走捷徑，而且太容易直接跳到結論，容易受誤導就進場炒作。蒙哥說：「就我個人來說，我已了解到這個問題，所以我現在都盡量採用雙軌分析。第一，必須理性地分析所有眞正控制我們利益的因素有哪些。第二，要了解潛意識的影響力，腦部在潛意識狀態會主動驅使我們做一些事，這些事有時非常有用，但大多數時候不大管用。」在作投資決策時，他會使用這種兩階段的分析法：首先，考慮理性的預期及機率；然後，再小心評估心理因素。

雖然本書會對有關誤判的心理詳加描述，然而我們也可以多方參考一些這方面的重要研究。諷刺的是，在這方面好的研究是來自芝加哥大學經濟系，而該系孕育出多位主張效率市場理論的諾貝爾獎得主。但是自從前康乃爾大學經濟學家理查・泰勒（Richard Thaler）加入芝加哥大學經濟系後，他質疑投資人行爲是否理性的主張，也就跟著進入這個學術殿堂。

行為財務學

行爲財務學的研究是希望透過心理學的理論來解釋市場是否有效率。人們在處理財務時，常常犯了許多愚蠢的錯誤並且作不合邏輯的假設。學院派的學者包括泰勒，開始深入挖掘心理學的概念，進而解釋人們思考中非理性的部分。對我們來說，這是相當新的領域，這些知識不但令人著迷，而且對聰明的投資人非常管用。

過份自信

許多心理學的研究指出，判斷錯誤的發生通常是由於人們過份自信。如果你對一群人作問卷調查，問他們是否認爲自己的開車技術優於常人，大多數的人會說他們是最優良的駕駛，相對的也就留下了到底誰是最差勁駕駛的問題。我再舉另一個醫學界的例子，醫生們相信他們有九〇%的信心能夠治癒肺炎，但事實上成功機率只有五〇%。

其實自信本身並不是一件壞事，但過份自信又是另一回事。當我們處理個人財務事宜時，過份的自信特別具有殺傷力。過份自信的投資人，不僅會作出愚蠢的決定，同時也對整個市場有很大的影響力。

一般投資人都表現出高度的自信，因爲他們相信自己比其他人聰明，可以挑選到會賺錢的股票，或者至少挑選到可以擊敗大盤的基金經理人。他們傾向高估自己的操作技巧與知識，同時特別相信那些和自己看法一致的資訊，對不符合自己預期的資訊就嗤之以鼻。他們只會去思考隨手可得的資訊，而不會去蒐集鮮少人知的資訊。

我們有什麼證據證明投資人過份自信呢？根據效率市場的理論，投資人應該買進而且持有股票，但我們卻發現過去幾年內短線交易情形只增不減。泰勒認爲投資人與基金經理人自以爲有較好的資訊，因此他們的操作績效可以超越別人。

太過自信可以用來解釋爲何這麼多的基金經理人會犯錯，他們從蒐集的資料中獲得太多的信心，進而認爲自己原來的判斷非常正確。假如這些玩家認爲他們手上的資訊是正確的，而且他們知道一大堆其他人所不知道的資訊，結果通常導致大量的短線交易。

普林斯頓大學心理及公共事務教授丹尼爾．卡內蒙（Daniel Kahneman）說：「很難想像你自己不比一般人聰明。」但是殘酷事實是並非每個人都比一般人聰明。過份的自信不但能解釋過度的短線交易，也可以解釋過去幾年來市場上所經歷過的一些反覆無常。卡內蒙相信過份自信會造成過份的非理性，而聯邦準備理事會主席艾倫．葛林斯班（Alan Greenspan）也提出相同的警告。不管分析師如何告訴大家股價已經過高了，投資人還是會爭先恐後地投入股市。

過度反應的偏見

泰勒指出最近許多研究報告都顯現出投資人太過重視一些短線的炒作題材，以爲自己看到趨勢所在。投資人特別傾向鎖定最新收到的消息然後趕快進場撈一筆。因此在他們的心目中，最近的獲利數字就是未來更大獲利的信號，同時他們相信自己所見到的是別人未見到的未來遠景，就憑著這些膚淺的理由，他們很快作了投資決定。

過份自信當然是這種行爲背後的始作俑者，因爲人們相信自己比其他人更了解資料並且可以詮釋得更好，可是事情常常並非如此。過份自信會導致過度反應而使這種情形更加惡化。行爲主義學家觀察到人們傾向對壞消息過度反應，而對好消息則反應緩慢，心理學家稱這種現象爲「過度反應的偏見」（overreaction bias）。所以萬一標的公司的短期獲利情況不佳，典型的投資人就會很粗率的過度反應，對股價造成不可避免的衝擊。

泰勒將這種過份重視短線獲利的現象，稱之爲投資人的「近視眼」（myopia）現象，他相信假如沒有收到每月的對帳單，對大部分的投資人來說，反而會感到比較舒服。而經濟學家指導的另一項研究報告也顯示泰勒的想法是非常正確的。

泰勒和他的研究夥伴要求一群學生用股票與短期國庫債券，分別組成各種投資組合，但首先他們讓這些學生坐在電腦前，模擬過去二十五年間所有投資工具的報酬。接著，有一半的學生會被給予所有過去影響市場價格的資料，這些資料多得堆積如山；另一半則只會收到以五年爲一期的表現報告，然後泰勒要這兩組的學生分別爲未來四十年作投資組合。

拿到堆積如山資料的那一組，無可避免地發現許多標的公司曾經虧損過，所以他們平均都只分配四〇％的資金到股市中，其餘的資金則投入債市。而只收到週期性資料的這組，平均都分配幾乎七〇％的資金到股市。泰勒每一年都接受國家經濟研究部和哈佛大學約翰甘迺迪政治學院的贊助，在行爲學會議上發表演講，他告訴所有聽眾：「我對你們的忠告是：投資股市，而且千萬不要打開寄來的對帳單。」

泰勒也因另一項短線操作的研究報告而聞名，他選取所有在紐約交易所掛牌交易的股票，並依過去五年的表現作排名。他分出三十五家表現最好的股票（股價上揚最多），和三十五家最差的股票（價格下降最多的），並且用這些股票組成勝利者和失敗者的兩組投資組合。

接下來五年他持續觀察這些投資組合的表現，他發現在這段期間內「失敗者」的表現反而超越「勝利者」約四〇％。在現實的環境裡，泰勒相信鮮少有投資人能在價格下降的信號出現後，還能抑制自己產生任何過度的反應，當這群失敗者股票開始有好的表現時，很少人能跟得上這個走勢。

這個實驗等於是替泰勒的投資人近視的說法背書，證明短視只會作出愚蠢的決定。而短視引起的非理性反應則是另一種心理態度：我們內心深處不願見到虧損的慾望。

對虧損的反感

根據行爲學家的說法，虧損的痛苦遠超過獲利的喜悅。泰勒和其他人所做的許多實驗，證明每次損失需要兩倍的獲利才能彌補。在勝率爲一半一半的賭局中，輸贏的機會是相等的，大部分的人不願冒這種險，除非潛在的獲利是潛在損失的兩倍。

這就是不對稱的虧損反感：損失比獲利對人類的影響更大，這就是人類心理學基礎。把這種現象用來觀察股市，投資人因爲選錯股產生不好的感覺是選對股而喜悅的兩倍，這也可以從總體經濟學的理論中找到證明。在股市上揚時，消費者由於財富的創造進而增加消費，每增加一元財富通常會增加三·五分的消費；但是當股市下滑時，消費者也會因爲財富減少而減少消費，但減少消費的金額卻通常是當初增加時的兩倍（六分）。

投資決定受到投資人虧損反感的心理影響是非常明顯而深遠的，每個人都希望知道自己所作的決定是正確的。爲了持續肯定自己的聰明才智，我們通常會持有較差的股票太久，並恍惚地希望事情總有好轉的一天。因爲只要不賣出虧損的個股，就不必面對失敗。

對虧損的反感會使投資人更保守，雖然許多退休年金計畫的參與人通常都是以超過十年的長期投資爲主軸，但是他們仍將高達三〇%至四〇%的資金投入公債市場，以避免股市的風險。爲什麼會有這種現象呢？因爲投資人對虧損有深切的反感，傾向以保守的方式來分配資金。對虧損的反感使得投資人非理性地持有已虧損的股票，進而直接衝擊到機會成本。雖然沒有人願意承認犯下錯誤，但只要不出脫那些持續虧損、回天乏術的股票，就無法利用這筆資金重頭來過，好好選擇其他標的，把虧損彌補回來。

但假如你不願賣出因決策錯誤而虧損的股票，就喪失重新投資的可能潛在獲利。

心理帳目

行爲財務學最後一項值得我們大家注意的，就是心理學家所稱的「心理帳目」（mental accounting）。它所指的是當周遭環境改變，人們也會習慣性的改變對金錢的看法。我們許多人在心理上傾向於把錢放入不同的「戶頭」，以決定如何使用每一筆資金。

舉一個簡單的例子就可以說明這種現象：想像你與另一半晚上剛從外面回來，你拿出皮夾要付錢給保姆，發現原本的二十元已不翼而飛。所以，當你開車載著保姆回家時，你停在自動提款機前領取二十元交給保姆。隔天發現原來二十元在夾克口袋中。

假如你跟其他人一樣，找到錢時反應非常高興，夾克的二十元正是我要找的。雖然第一個二十元和第二個二十元都是從支票帳戶中取得，也都是你辛苦工作所得，但現在你手上的二十元並非你所預期的，所以會很輕易的花掉。

泰勒再一次提供一項有趣的學術實驗以證明此一概念，在他的研究中，他一開始分成兩組人，他給第一組人三十元並給他們兩樣選擇：一、把錢放在口袋裡然後走開，或者二、玩擲銅板遊戲，贏了可以多賺九元，輸了少九元。大部分的人（七〇％）選擇賭博，他們覺得就算輸了還剩下二十一塊。

第二組的人則有不同的選擇：一、玩擲銅板，贏的人可以拿走三十九元，輸的人只能拿走二十一元。或者二、拿三十元走，不要玩。這時候有超過一半的人（五七％）決定拿三十元走。兩組人馬有同樣的機會贏得相同的錢，但投資人在態度上卻截然不同。

這個實驗的含意非常清楚，我們決定投資的主軸與選擇如何管理投資組合，都與如何看待這筆錢有很大的關係。例如心理帳目可說明爲何人們不願意賣掉持續虧損的股票，根據他們的想法，只要沒有賣掉股票，帳面損失就不會實現。另一項關聯與風險有關，人們若有足夠的資金，較願意承擔風險。心理帳目凸顯效率市場假設的一個弱點：市場價値並不只是由蒐集到的資訊所決定，也要看人類如何過濾吸收這些資訊而定。

這種分析人們心理運作狀況的研究非常迷人，心理帳目在投資過程中所扮演的重量級角色令我們感到特別有趣，因爲通常我們單純地認爲投資領域是由冷酷的數字和沒有靈魂的資料控制。當我們必須作投資的決定時，我們的行爲表現有時會不太尋常、有時是反常的，甚至偶爾會非常愚蠢。有時候我們不合邏輯的決定是很不理性的，有時候也分辨不出它的思考模式。我們常常因不可解釋的理由而作出正確的決定，有時也不知何種原因就作出錯誤的決定。

投資人最應該注意到的、應該掌握而很少掌握到的，就是通常不自覺自己已作了很糟糕的投資決定。爲了要充分了解市場和投資，我們現在已經知道也必須充分了解自己的不理性。心理誤判的研究對投資人的重要性，絕對不輸損益表和現金流量表等財務報表的分析。你或許對評估一家公司的內部價值很在行，但如果沒有花時間深入了解行爲財務學，那麼要想改進你的投資策略與績效表現仍非常困難。

風險的接受度

強力的磁鐵會吸住附近所有的金屬物體，同樣地，對風險的接受程度，也關係到財務心理的所有層面。心理的概念是抽象的，但是它具體地顯現在每一天你的買進和賣出決定，而串連起所有買賣決定的因素就是你對風險的接受度。

在過去的十幾年裡，許多專業的投資法人花了不少心力幫助人們評估他們對風險的接受度。股票經紀人、投資顧問、理財規畫員都目睹投資人的個人行爲不斷地改變。當股價上揚時，投資人持續加碼買進股票，當股票下挫時，他們就重新調整投資組合，並將資金轉而投入固定收益商品。

一九八七年股市崩盤便是個例子，許多投資人在一夜之間戲劇性地改變資金的運用，他們迅速出脫股票，轉進公債或其他固定收益商品市場。投資人這種來回反覆於積極與保守之間，促使許多人開始從事投資人對風險接受度的研究。

投資顧問起初認爲風險接受度的評估很簡單，只要藉著訪問或問卷調查，就可以替每位投資人建立風險接受度檔案。但問題是風險的接受度通常是直接受到情緒的影響，也就是說它會隨著環境而改變。所有和錢有關的心理反應都會隨時影響到我們對風險的承受度。當市場急劇下跌，即使那些平時很積極的投資人也會變得比較保守；而當股市開始上揚時，不論是積極的或保守的投資人，都會立即加重在股市的投資比重。

瓦特．米提效應

另外一個影響因素就是先前說過的過份自信。在美國文化中，冒險犯難是倍受社會稱許的人格特質，大部分的投資人也都自以爲勇於承擔風險，但事實上他們眞正所能承擔的風險遠低於他們所想的程度。心理學家普魯依特（D. G. Pruitt）將這種現象稱之爲「瓦特．米提效應」（Walter Mitty Effect）。

一九三〇年代美國最負盛名的幽默家詹姆士・瑟伯（James Thurber）寫了一篇可愛的短篇故事《瓦特・米提的秘密生活》（*The Secret Life of Walter Mitty*）。後來這個故事還被拍成電影，由丹尼・凱伊（Danny Kaye）領銜主演。故事中瓦特是一個懦弱如鼠的男人，完全受蠻橫又尖嘴利舌的老婆威脅。他經常作白日夢幻想自己成為勇敢、雄糾糾的英雄，拯救自己可悲的生活。不過每次他想起自己忘記辦太大交代的差事，就又令他重生恐懼的煩惱；可是過不了多久他又成為一位不怕死的轟炸機飛行員，單獨執行一項危險任務。

普魯依特相信投資人對市場的反應，就像瓦特・米提對生活的反應一樣。當股市上揚時，眼睛就顯現出勇敢的目光，而且願意承擔額外的風險。可是當股市下挫，投資人擠著趕快落跑，避免再看到股價行情。

要如何才能克服瓦特・米提效應呢？我們必須盡可能尋找衡量風險承受度的方法，同時深入了解所有評估標準的背後含意和心理影響的層面。我在幾年前與維拉諾瓦大學（Villanova University）的喬斯汀・葛林博士（Dr.Justin Green）一起合作發展出一套風險接受度分析模式，這個分析著重於投資人的個性和其他明顯而直接的因素。我們參考了許多相關方面的理論與實務的資料，我們列出許多人口統計學的重要指標和不同的人格特質。當我們把這兩種資料合併研究後，或許可以幫助人們更正確地衡量自己對風險的接受度。

年紀與性別

我們發現風險接受程度與年紀和性別有較密切的關聯：年長的人比年輕的人較不願意承擔風險，而女人則比男人小心保守些。財富的多寡其實並沒有很大的差別，有錢人或比較沒錢的人對風險的接受程度並沒有太大不同。

人格特質

另外有兩種人格特質與風險的接受程度有密切關係：個人控制導向和成就動機。個人控制導向指的是相信凡事操之在己，將成功和失敗歸於自己的努力或疏忽，自願承擔責任。有這種個人控制力的人稱爲「內控型」（internals）；相反地，那些比較受外部環境影響的人比較少有此種控制能力，稱爲「外控型」（externals），就像葉子隨著風被吹到各地。根據我們的研究，風險愛好者大部分是內控型人格。

成就動機說明了每個人是否爲目標導向。我們發現風險愛好者多是屬於目標導向的人，不過太注重目標是否達成反而容易引來更大的失望。

我們從這個風險接受程度的分析工具找出一些指標，希望能幫你了解自己是否屬於個人控制導向或成就動機很強的人。

不過要了解自己對風險的接受程度，並不只是知道自己是否是內控型、成就動機旺盛的人這麼簡單。要想眞正破解人格特質和風險接受的互動關係，必須考慮每個人對風險的看法，也就是說你是否認爲股市是一、一種純靠運氣的遊戲；或二、一種靠正確的資訊和理性的選擇就可以獲得想要結果的市場。讓我們先看看以下的問題。

A你是否控制自己的命運？

哪一種說法最能表達你的想法？

一、（a）人們最後會得到應得的尊敬。

（b）很不幸地，不管人們如何努力，其價値常常不受肯定。

二、（a）相信只要下定決心採取行動，就能改變命運。

（b）我認爲該發生的事就會發生。

三、（a）發生在我身上的事都是自己做的。

（b）有時候我覺得我沒有足夠力量控制我所選擇的人生方向。

B你專注於事業的成就嗎？

下列哪一項陳述最能說明你的態度？

一、當我沒有把握時，我不會接任何工作計畫，所以我會制定計畫以了解多快能完成目標。

二、生活的主要目的是做我沒做過的事。

三、遊戲時，我不但著重我玩得多好，也在乎會不會贏。

四、我對自己所做的每一件事都要求很高，不論是工作、運動、嗜好等；否則，怎麼會有樂趣可言？

C成功是幸運還是努力工作的結果？

哪一種敘述最能表達你的想法？

一、（a）在股票市場中賺錢要靠運氣。

（b）善於運用良好技巧作決定的人，才是股市中賺大錢的人。

二、（a）人生活中許多不快樂的事，都是倒楣引起的。

（b）人們的不幸是犯錯的結果。

三、（a）沒有充分休息，就不會是一位有效率的領導人。

（b）有能力而未能成爲領導人的人，是沒有善用機會的人。

四、（a）計畫太遠是不明智的，因爲許多是只是倒楣或幸運的問題

（b）當我做計畫時，我確信我的計畫一定會實現。

現在讓我們檢視這些人格特質如何影響每個人的風險接受程度。例如，想一想那些「內控型」，他們認爲自己有能力去影響投資的結果。假如他們認爲市場漲跌是隨機率出現的話，就比較不願承擔這樣的風險。但假如他們認爲市場的結果是牽涉到一些技巧和努力的話，這種性格的人傾向承擔這樣的風險。

根據我們的研究，風險愛好者都是自動設定目標，或相信自己已經控制環境而且會影響結果的人。這樣的人認爲只要有正確的資訊並且結合理性的選擇，就能在股海淘金獲利。這讓你想起誰？你要如何描述華倫．巴菲特或你自己？

核心投資心理學

從心理學和投資學中所學到的每一樣事情，可以在巴菲特身上看到縮影。他寧可相信自己的研究而不靠運氣，他的決策源自縝密的思考，也不受短期事件影響而撤出市場，他了解風險的本質，而且有信心接受結果。

在發展出行為財務學這個名詞之前，只有像巴菲特和蒙哥這些少數人能理解這些現象並且接受它。蒙哥指出當他和巴菲特離開研究所後，他們「進入商界，卻在市場上找到了這種大量可預期的不理性模式」。他所指的並不是不理性模式的發生時間可預期，而是當這些非理性現象發生時，可以預期到會有什麼樣的行為模式發生。

除了巴菲特和蒙哥之外，大多數的專業投資人直到最近才開始重視財務和心理之間的互動關係。對大多數的讀者而言，本章探討的內容不但可以學習到新知而感到滿足，其實本章對讀者的貢獻將遠超過此。

情緒影響投資已經是不爭的現象，因為情緒會影響人的行為，進而影響到股價的波動。我確信你已感覺到有兩個理由可以說明為什麼了解人的情緒變化，對投資過程有很大的助益：

一、你將可以據此知識，在投資過程中知所進退，避免犯錯。

二、你將可以從別人犯的錯誤中，學習如何遠錯誤而親獲利。

我們都很容易因個人的錯誤判斷，而影響到個人的成功。當成千上萬人作錯誤的判斷，這種集合起來的力量會將市場推往毀滅的方向。盲從群眾潮流的吸引力是那麼強，錯誤的判斷倍數加總起來會使情況更糟。在充滿非理性行為的大海中，少數以理性行動的人會是僅有的劫難倖存者。

成功的核心投資人需要有獨特的情緒特質，投資這條路總是崎嶇不平，而知道哪一條是應選擇的道路，又常常與直覺的判斷相反。股市經常性的變動給投資人一種不安定的感覺，使他們做出非理性的行爲。你必須特別注意這些情緒變化，當你的直覺要你做出相反的行爲時，你必須要適當反省並且作出正確決定。未來的獲利是所有核心投資人努力付出的原動力。

第八章 複合調節系統

長久以來股票分析師的唯一價值，就是保住那些算命人士的飯碗。

——華倫・巴菲特

任何長期觀察巴菲特的人都知道他對於預測股市的看法：就是不要浪費時間。無論是針對整體經濟發展、市場大盤走勢或是個別股票股價波動，巴菲特都強烈的認為，預測未來對投資而言不具任何價值。過去的四十年中，巴菲特創造了巨額的財富及無可比擬的投資績效，這一切都是靠大筆投資在少數績優股上的投資策略。在此同時，一般投資人卻瘋狂追逐股市的走勢預測，反而沒有專注於標的公司的基本面分析。巴菲特指出：「事實上，唯一可以預估的是人性的貪婪、對未知的恐懼和愚蠢。而股市未來的發展卻往往無法預測得到。」

對於許多巴菲特的忠實追隨者而言，預測市場的未來走勢不具任何意義。他們能夠不受外界股市「算命仙」的干擾，自行規畫他們的投資組合。然而大部分的投資人卻常不由自主地被號稱預測股市準確無比的大師所吸引。

從歷史的軌跡來看，人們總是容易被一些號稱能預測未來的先知、概念或是系統所深深吸引。只要一些算命師、巫師、市場先知、經濟學家等隨便說說：「我現在可以告訴你明天將會發生什麼事。」就能夠吸引上百萬人的目光。雖然歷史上充滿一大堆預測失敗的例證，可是新一批算命仙還是會前仆後繼的出現，因爲他們知道總是能夠找到那些心靈飢渴的聽眾。

如果眞的能在今天就預先看到明天的報紙，將會對我們投資理財有極大的幫助。但是我認爲人們急於知道未來的原因，可能並不是想要賺大錢而已，人類對於無知的未來有著強烈的心理需求。或許對於絕大部分的人來說，未來的無知橫亙在前是如此的不自在，所以試圖藉由他人或任何方法來消除這種不自在。這種針對人類心理弱點的研究，應該併入蒙哥的全方位思考模式裡。

但是有一點必須強調的是，巴菲特並沒有說未來是完全不可預知的。畢竟我們可以確定的是，好的公司終究會在股價上反映出投資的價值，但是我們無法明確知道的是，這個投資價值要等到何時才會反映出來。我們知道所有的股票價格仍將會持續上下的波動，然而我們卻無法預知這些股票價格在未來一年到底是波動向上還是波動向下。我們從巴菲特的投資策略中領悟到的是，我們無須正確預測股價短期的走勢將如何，重要的是我們必須知道是否投資在正確的公司上。如此一來，才可確定自己最終將會從正確的投資上獲利。

預測神話的毀滅

舉例來看許多預測的結果與現實的差距有多大，看看表8-1的例子：

我們從過去十六年來，每半年預測一次美國三十年公債的殖利率走勢結果可以看出，在所有三十一次預測中，不但從來沒有一次能夠準確預測市場的利率，更驚人的是有高達二十二次的預測甚至連方向都預測錯誤。

表8-1 華爾街日報經濟學者調查（預測三十年期公債殖利率）

預測日期	預測殖利率（%）	實際利率（%）	預測方向	預測日期	預測殖利率（%）	實際利率（%）	預測日期
6/82	13.05	13.92		12/89	8.12	7.97	錯
12/82	13.27	10.41	對	6/90	7.62	8.40	錯
6/83	10.07	10.98	錯	12/90	8.16	8.24	對
12/83	10.54	11.87	錯	6/91	7.65	8.41	錯
6/84	11.39	13.64	錯	12/91	8.22	7.39	對
12/84	13.78	11.53	錯	6/92	7.30	7.78	錯
6/85	11.56	10.44	錯	12/92	7.61	7.39	對
12/85	10.50	9.27	錯	6/93	7.44	6.67	錯
6/86	9.42	7.28	錯	12/93	6.84	6.34	錯
12/86	7.41	7.49	對	6/94	6.26	7.61	錯
6/87	7.05	8.50	錯	12/94	7.30	7.87	錯
12/87	8.45	8.98	錯	6/95	7.94	6.62	錯
6/88	8.65	8.85	對	12/95	6.60	5.94	對
6/89	9.25	8.04	錯				

資料來源：華爾街日報，6/30/98修訂。

如果你是那些早就不認爲市場是可預測的投資人，可以跳過本章不看直接進入下一章。但是如果你是那種偶爾還是會受不了市場預測誘惑的人，最好多花幾分鐘看完這一章內容，我希望你在看完後能發現，預測短期市場走勢是一件沒有必要且沒有意義的事。

古典經濟理論

古典經濟學理論認爲市場與經濟是兩個相互平衡的系統，表示在自然的狀態下這兩個系統是相互平衡運作的。無論外在干預力量如供給和需求或是價格及數量間如何變動，股票市場及經濟發展總是能達到一種穩定的平衡狀態。市場總是能以有效率、機械化且合理的狀態運作著。

這個在一百多年前由馬歇爾（Alfred Marshall）所發展出來的經濟理論，現在仍然主宰大部分人的思考方式。哥倫比亞大學商學院的莫布遜教授認爲：馬歇爾學派的經濟學理論是起源於當初有些人認爲經濟學和物理學相似，因爲他們認爲兩者都有明確的因果關係和可預測性。

四百年前開始萌芽的現代科學，就是建築在這種所謂宇宙間因果關係的論點上。根據諾貝爾物理學獎得主伊雅・普利格金（Ilya Prigogine）的說法，科學的信念在於未來是依據現在發展而成，如果仔細研究所有現有資料，就不難預知未來的方向。當然他的這個觀點只不過是所有可能的理論性觀點之一，即便如此，這個觀點已足夠使科學家們從觀察世界萬物的表面現象，進入到真正了解宇宙萬物現象的成因。

著名的英國科學思想家卡爾．帕布爾（Karl Popper）認爲現代科學是深植於所謂的決定論（determinism），科學決定論就是用大自然的現象取代過去神造萬物的說法，用自然法則取代上帝法則。大自然就像上帝一樣，早就孕育宇宙萬物。但是和看不見、摸不到的上帝不同的是，自然法則是由人類自己的智慧和經驗所發現。所以如果我們了解自然法則，就能靠分析手中現有資料，合理預測出未來的情形。

牛頓（Isaac Newton）是現代科學界中第一位決定論者，他發現地心引力從而奠定力學原理的基礎，而此項物理學的核心原理提供了後代科學家更多發明的靈感泉源和學習典範。牛頓的發現無庸置疑是非常具有震撼力的，幾世紀以來，無數學者因此得以在不同領域中前仆後繼的創造和發明。

在牛頓世界裡，整個宇宙機械化地運作就像時鐘一樣分秒不差。後世的許多物理學家、生物學家和化學家們所創建的各種理論模式，也都反應牛頓的思想精神，但是牛頓式的偏見也可能造成我們判斷的誤差。英國物理學家麥斯威爾（James Clerk Maxwell）認爲：「物理學家只專注研究宇宙中固定不變的眞理，卻忽略了其他現象，而這些現象的存在使得許多決定論者對自己的信心也開始動搖。」

牛頓的理論架構最大的問題在於：它仍不足以完全解釋宇宙萬物的運作情形。牛頓的古典物理學主要是以力學原理來解釋許多物理現象，可是一旦運用來說明生活百態時，這些原理似乎顯得太過僵硬而且有些不足。我們雖然非常肯定牛頓的力學原理對破解許多物理現象，如星球間的運轉等有卓越貢獻，但是當我們企圖解釋細胞再生、動物免疫系統和人類行爲時，這些原理似乎無用武之地。古典物理學並不能使我們對生活周遭有更全面的了解。

有一群科學家許多年來始終避免研究任何與牛頓定律相牴觸的自然現象，只知道躲在宇宙平衡論的羽翼之下。遺傳學家理查．里宛汀（Richard Lewontin）稱這些科學家爲柏拉圖派學者，因爲這位古希臘思想家認爲我們生活周遭一切混亂、不完美的事物，只是完美原型（archetype）的表象。根據里宛汀的看法，還有另外一群學者認爲宇宙萬物是一直處於不斷變化的過程中，各種事物無止盡的相互整合、相互影響。里宛汀稱這群學者爲「赫拉克利圖斯學派學者」（Heraclitians），在赫拉克利圖斯之前的古希臘愛奧尼亞（Ionian）哲學家以充滿熱情和詩歌式的口吻，解釋宇宙萬物在他們眼中是處於永恆變動的狀態。他比柏拉圖早二百年從對自然的觀察中認爲「一旦你的腳踏入河水中，河水就不再是當初的河水了」（upon those who step into the same rivers flow other and yet other waters）。柏拉圖把這句話的涵意用很生活化的方式解釋爲「你不能將腳踏入同樣的河水兩次」（You can never step the same river twice）。

史丹佛大學經濟學家布萊恩·亞瑟（Brian Arthur）說：「當我讀到里宛汀的這些說法時，我突然頓悟到周遭萬物的變化，我告訴自己我們終於可以從牛頓的宇宙萬物觀另闢蹊徑。」

同時在數學和經濟學領域中鑽研甚深的布萊恩·亞瑟花了數年的時間，掙扎在他自己的經濟學觀點和其他馬歇爾學派的經濟學供需理論之中。亞瑟心中的難題無法從這個世紀以來，任何學術界的研究中找到解答，也不能從任何貿易實務中找到解脫。但這個解答卻在最不可能的地方找到：新墨西哥州的山各里·克里斯多山脈（Sangre de Christo Mountains of NewMexico）。

複合調節系統

在優美的聖他菲市內，土坯屋和現代藝廊羅列的地區，有一棟相當壯觀的山頂建築物。這棟建築物原本是私人的住宅，但現在它卻是著名的智庫：聖他菲研究院（The Santa Fe Institute）。或許是因爲稀薄的空氣、燦藍的天空，或是蜿蜒在沙灘中的山脈，使得每位到訪聖他菲的人都懷抱著一種內省的心情。無論是什麼原因，聖他菲研究院絕對是幫助科學家們理論成形的地方。在聖他菲研究院的科學家不是以傳統的方法作研究，相反地他們互相交換他們在各領域中的知識，以期對宇宙萬物有更進一步的了解。

聖他菲研究院是由喬治・高文（George Cowan）於一九八四年創建，他曾經擔任洛杉・阿拉馬士實驗室（Los Alamos Laboratory）的負責人。聖他菲研究院的創立宗旨是提供一個跨學科研究的園地，研究團隊成員包括物理學家、生物學家、免疫學家、心理學家、數學家和經濟學家等。成員中有多位都曾是各學術領域中的諾貝爾獎得主，他們共同致力於研究複合調節系統（Complex Adaptive System），而不在意各學科間過去的藩籬和限制，大家都願意分享彼此在各領域的研究成果。在這裡，你可能會聽到研究螞蟻的溝通傳播方式和各種金融貿易市場資訊傳播的比較，雖然許多人可能認爲這兩種傳播模式好像風馬牛不相關，但深入研究的科學家們卻從中發現許多相似的地方。

在我們的生活周遭有著各種不同的複合系統，例如細胞、發芽中的胚芽、大腦、免疫系統、神經中樞系統、生態系統等都是具體而微的複合系統。同樣地，經濟體、社會結構和政治系統也都是複合系統。「複雜性」（complexity）這個詞彙在這裡並沒有明確的涵義。普利格金認爲每個系統之所以複雜，是因爲每個系統都由許多相互影響的分子所組成。而簡單的系統如物體受地心引力而落下，或鐘擺的擺動等並不包含過多變動的影響因素。

但是普利格金認爲含有許多變動因素的系統未必是複合系統，例如一公克的瓦斯中含有數以百萬計的分子，以各種不同的方向相互衝撞，但是科學家一向將這種現象稱之爲「分子混沌」

（molecular chaos），而不是複合系統。分子混沌這個名詞數年前就常被引用作爲解釋許多現象，主要是指組成分子相當不規則，而分子間變動也常呈現無秩序的狀態。

在聖他菲的科學家把他們對研究分子混沌的注意轉向研究複合系統。複合系統已如我們所知，存在於機械化的秩序和分子混沌之間的區域。普利格金認爲我們可以用行爲表現的角度來切入了解複合系統，畢竟從研究各種不同複合系統所反應在外的行爲特徵，可以幫助我們了解「複雜性」的內涵。

一九八七年二十位學者受邀參訪聖他菲研究院，並且針對經濟體是否爲複合系統進行廣泛的交流。其中有十名經濟學理論大師，是由諾貝爾經濟學獎得主肯尼士．艾洛（Kenneth Arrow）所邀。諾貝爾物理學獎得主菲利普．安德森（Philip Anderson）則招待另外十位來自不同領域的科學家如物理學家、生物學家和電腦專家等。

這次的聚會主旨是企圖尋找新的經濟思考模式，在各種演講和討論過程中，物理學家逐漸了解了經濟學家口中常提的均衡系統（equilibrium systems）和賽局理論（game theory），而經濟學家也了解布爾網路系統（Boolean Networks）和遺傳工程（genetic algorithms）。十天來的研究討論後，他們指出了三項經濟體的特徵，而聚會也就暫告結束。

經濟體的三大特徵

首先，他們認爲經濟體是由許多同時運作的媒介（agent）所構成的網路系統。拿成長中的芽爲例，它的媒介就是細胞；而就經濟體而言，它的媒介就是人們。細胞和人們都生活在一個必須和其他媒介密切互動的環境中，由於他們隨時不斷的和其他媒介產生各種互動，所以也使得整個環境一直處在變動的狀態。

其次，完全掌控經濟體的變化是非常困難的。在胚芽中沒有任何一個細胞有主宰的地位，同樣地在一個經濟體中，也沒有一個人可以完全左右經濟的動向。或許你會說以美國經濟爲例，我們有聯邦準備銀行，也有可以修改稅法和其他相關規定的政治人物，但整體而言，經濟的眞正走向還是由每個每天互動的結果所形成的。一個經濟系統的共同行爲，大部分是由組成媒介份子彼此間的競爭或合作造成的。

第三個特徵也是複合系統中最重要的特徵，那就是複合系統中的媒介會累積過去經驗，自行調節以適應變動的外在環境。各種有機體在數代繁衍進化過程中，會重新調整其纖維組織。同樣地人們也會從他們的經驗中學習並且調整自已以適應生活的變化，所以複合系統在今日多被稱爲複合調節系統。

從複合調節系統的角度分析，我們就比較容易理解經濟體本身達到均衡狀態的過程。媒介的行爲常常改變、互動，甚至相互學習，使得整個經濟體隨時處於變動的狀態。所以許多科學家認爲一旦經濟體達到完全均衡狀態，這個經濟體不會是個穩定的狀態，而會是死水一灘。

傳統的數學方法如微積分或線性規畫，都可以在固定環境中計算出不變的組成分子，牛頓的科學理論也可以分析出重複性高的機械化狀態，但這些似乎對企圖了解複合調節系統的人沒有太大幫助，想要了解經濟體、股市或其他的複雜調合系統，我們要利用其他實驗數學和非線性規畫理論。

艾法洛難題

艾法洛（El Farol）是一家在聖他菲研究院附近的酒館，每星期四晚上會現場演奏愛爾蘭音樂，吸引了不少人前往。現任聖他菲研究院院士同時也是花旗銀行集團經濟學家布萊恩・亞瑟（Brain Arthur）特別喜歡去艾法洛聽他最喜愛的愛爾蘭音樂，因爲他是在貝爾菲斯特（Belfast）出生和成長的。但是有一個小問題困擾著他，由於有時艾法洛擠滿了喧亂的人潮，使亞瑟常常望之卻步。經過幾個星期考慮是否要去酒館聽音樂，使他突發奇想了一個數學理論，他把這個理論名爲「艾法洛難題」（The El Farol Problem），並且認爲「這難題具有任何複合調節系統的特徵」。

讓我們假設聖他菲市有一百個人想在星期四去艾法洛聽音樂，但每個人都不想在酒館很擠的時候去。同時也假設艾法洛每星期五會公布星期四的酒客人數，過去十週來星期四當天去艾法洛的人數爲十五人、十八人、八十三人、六十六人、四十五人、七十六人、六十七人、五十六人、八十八人和三十七人。許多音樂愛好者可以用過去的這些人數資料，判斷下次是否要去艾法洛。有些人可能認爲下週要去的人數和上週三十七個人差不多；有些人可能會取十週的平均數，認爲會有五十五位酒客出現；有些人可能取近四個星期的平均數六十二個人，當作下週可能去的人數。

現在讓我們再假設一個條件：當這些想去聽音樂的人預期下週去酒館的人數少於六十個人的時候，他們就會想去。這一百個人都會用過去幾週的資料當作參考指標，各自決定是否要去。由於每個人用的指標不同，所以每當星期四來臨，預估會超過六十個人去酒館的人就選擇待在家裡；那些預估不到六十個人去的人就選擇去酒館。而每星期五，艾法洛就會公布昨天來店的人數，每位愛好愛爾蘭音樂的人就會立即更新他們的參考指標，以便作下次的預測。

亞瑟認爲這整個過程就像是參考指標的生態系統，因爲有時候有些參考指標似乎比較準確，同時其他的參考指標似乎比較不準。無論如何，每種指標都有它準確的時候，也有它不準確的時候。

艾法洛難題是一種提供大家了解複合調節系統的理論假設？還是它真的存在於當今市場中？

選股指標的變動

美林證券每年都會訪問許多專業投資法人，詢問他們有關當年度衡量股市的觀察重點，這項調查也紀錄了每家受訪法人前一年度選股的觀察重點，藉以發現去年度和今年度的改變。美林證券自從一九八九年開始從事這項調查，發現各家法人在這段期間內不斷變換他們的選股觀察重點和參考指標模式。

美林證券的這份調查將，二十三種衡量選股的觀察重點，依每年度最被大家採用的熱門程度作排名：一、每股獲利，二、股東報酬，三、是否調高財測，四、股價現金流量比，五、未來五年盈餘成長預估，六、負債比率，七、每股獲利成長率，八、相對強度，九、股價獲利比，十、股價淨值比，十一、分析師是否調整推薦，十二、盈餘變動性，十三、股息折價模式，十四、股價當收比，十五、股票是否被市場忽略，十六、貝他值，十七、各時期獲利分布情形，十八、配息率，十九、盈餘不確定性，二十、外資持股比率，二十一、公司規模，二十二、低股價，二十三、利率敏感度。我們企圖用各種方法來預估股價未來走勢，就像那些用各種方法預估有多少人去艾法洛聽歌的人一樣。

如果我們只看美林證券調查出來的前十大影響法人選股的重點（見表8-2），我們可以從中發現類似艾法洛難題的情形，雖然每股獲利基本上都是大家用來選股的重要觀察重點，但大家也都運用其他的方法來預測未來股價。舉例來說，股東報酬率在一九九七年是第二受歡迎的選股指標，但在此之前卻不見多受重用。相反地盈餘成長率在一九八九年到一九九三年是常被使用的選股指標，但最近卻較不被重視。當美林證券在一九八九年開始做這項調查時，超過半數的法人認爲配息率的高低左右他們的選股方向，但現在只有大約一二％的法人認爲他們仍使用此項

表8-2　美林證券調查報告（1989－1997）

因素	1997	1996	1995	1994	1993	1992	1991	1990	1989
每股獲利	1	1	1	1	1	2	3	1	1
股東報酬	2	4	4	4		1	4		
財測修正	3	2	2	2	2				
股價現金流量比	4	5	3	3	4	5		3	4
未來五年盈餘	5		5	5					
每股獲利成長率		3			3	4	2	2	2
成長預估									
股息折價模式					5				5
股價淨值比						3		4	3
負債比率							1		
收益率							5	5	

1-最受歡迎的選股指標　2-第二受歡迎的選股指標
3-第三受歡迎的選股指標　4-第四受歡迎的選股指標
5-第五受歡迎的選股指標

選股指標。

美林證券的這項調查非常符合亞瑟所說的指標生態學，在過去的幾年中，我們不斷的看到有些選股指標風華不再，而有些指標則愈來愈流行。表8-3表示從一九九六年到一九九七年各種指標受重視的轉變程度，例如負債比、股價現金流量比和五年內盈餘成長預估模式受到重視的程度有與日攀升現象，而配息率、盈餘成長率和盈餘變動性則有被打入冷宮的趨勢。

這個調查的督導人同時也是美林證券計量研究團隊的負責人理查‧伯恩斯坦（Richard Bernstein）表示：「這項調查結果清楚的告訴我們，哪些指標幾年來漸受重視，而哪些不是。」但是他也表示，這個結果在某種程度上也使他感到困惑，他說：「雖然基金經理人都表示他們有相當嚴格的選股標準，但這個結果告訴我們，他們的選股標準和過程似乎每年都隨波逐流。」

預估心態的三種層級

想去艾法洛聽歌的人和想要選對股票的人都面臨到相同的問題：眞正的關鍵在於別人的預估。這也是凱因斯在六十年前就發覺的問題，他曾經寫到：「專業的投資就好像是報紙上的選美比賽，每位參賽人都必須從一百張照片中選出六張最漂亮的照片。獎品會頒發給選中正確照片的人。所以每個人在選的時候都不是選自己認爲最美麗的照片，而是選別人可能認爲最美麗

表8-3　選股指標的變動：一九九七與一九九六

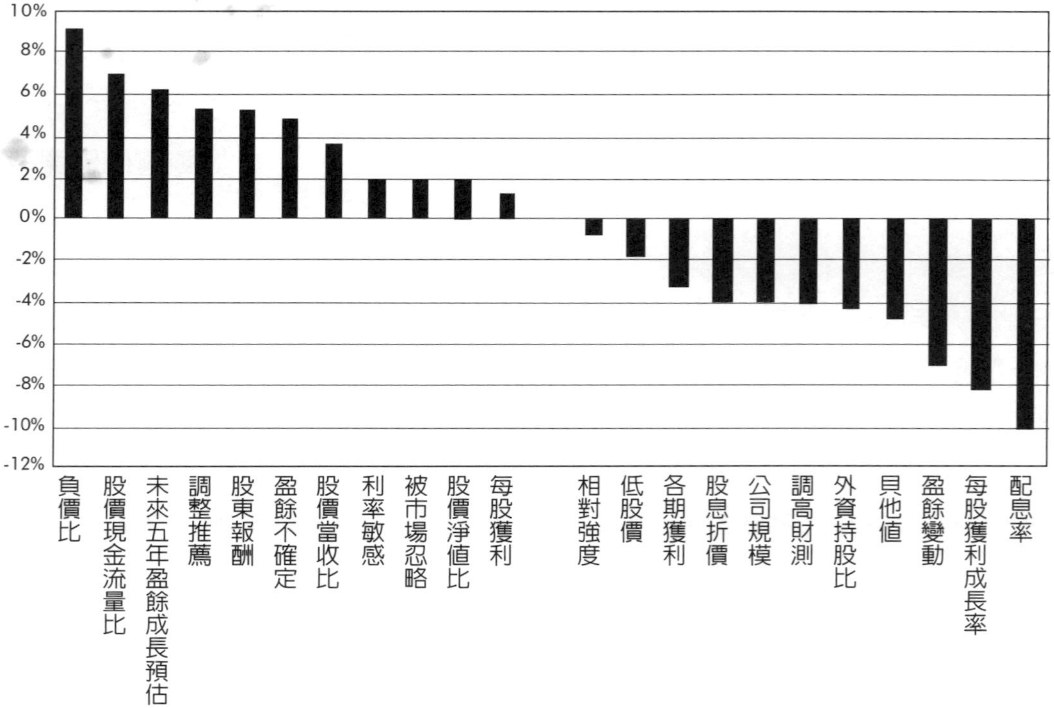

的照片。選股和這種選美比賽面臨的問題其實是一樣的。」

但是「試著比其他人更會猜出大家會怎麼猜」還不難，凱因斯在這個例子中再加入變數，使這個遊戲結果更難預料。「我們已不再是選擇自已喜歡的照片，也不再是去猜大家心中眞正喜歡的照片。我們已經進入到第三種層級，那就是去猜大家心目中認爲其他人心中最喜歡的照片。而且我相信還有許多人會想嘗試第四層、第五層，甚至更高層的方法。」

這種紙上選美似乎提供了想去艾法洛聽歌和想選對股票的人一個很好的暗喻：最重要的，不是你認爲市場或經濟體會如何表現，而是你必須猜其他大部分的人認爲市場會如何表現。巴菲特非常了解這種現象，他認爲「那些管理上億資產的基金經理人是造成這種亂象的主因。這些著名的基金經理人不去預測公司明天的營運情形，反而去預估別的基金經理人未來幾天準備怎麼做。」

我相信布萊恩・亞瑟所舉的艾法洛的暗喻很眞實的反映出目前市場的狀況，雖然我們確定市場是複合調節系統，但還是無法準確預測出這個系統內部未來的種種行爲。在聖他菲研究院，還是有人棄而不捨的作嘗試。亞瑟和其中另一位研究員約翰・侯蘭（John Holland）在電腦中模擬出上百位投資人參與的股票市場。亞瑟說：「這裡的投資人會藉著學習哪一種選股策略最有效，而變得愈來愈聰明，不過在這個學習過程中，他們也會變換使用各種最佳策略，因此又改變了整個虛擬股市的生態。」

研究人類行爲學其實並不須要複製一些人來觀察，雖然我們現在可以用電腦虛擬複製人的可能行爲模式，只要將各項數據依一些簡單的規則輸入到電腦就可以，但是我們仍然無法得到任何可以解開艾法洛難題的數學方式。研究院的成員，同時也是數學家兼作家約翰・卡斯迪（John Casti）說：「從數學的角度來看，這個題目無解。」這就是我們生活周遭的各種型態，我們無法以任何數學架構來解開這種複合調節系統。

卡斯迪相信，我們面對的問題，就像十七世紀賭客企圖在突然被搗亂的賭局中，分開個人的賭注一樣。後來的巴斯卡和費瑪看到當時的問題，而發展出一套解決的數學架構，後世稱爲賽局理論。卡斯迪說：「複合調節系統仍在等待解讀人。」

在複雜的環境裡投資

葛拉漢用跨學科的方法來解釋生活周遭的環境和投資的關係，研究葛拉漢論述的人都知道，他不但是一位偉大的投資理論家，更是一位對哲學和古典著作有深入研究的人。雖然他是以證券投資分析而揚名後世，但他的著作還包括對貨幣匯率和商品期貨等的分析。《儲存和穩定》（*Storage and Stability*）和《全球商品期貨和國際貨幣》（*World Commodities and World Currencies*）

這兩本書充分展現出葛拉漢的世界觀。現在接手在哥倫比亞大學教授「股票分析」的莫布遜表示：「葛拉漢不但是位偉大的老師，也是一位多才多藝的人，他的跨學科知識和世界觀使他的『證券分析』課程內容非常豐富。」

在哥大，莫布遜教授不但傳授基礎財務分析模型，也研究其他領域中的各種模型，他希望學生們知道，各種跨學科的知識和方法都可以運用在投資方面。他解釋：「隨著全球經濟和社會經濟結構的轉變，我們心中的模型也要隨之進化。」

不預測未來走勢

三十年前，科技在投資學界並沒有扮演任何重要角色，但現在科技是非常重要的一環，因此莫布遜教授希望，每個人心中的模式都能適應快速變遷的外在環境。莫布遜就是本著「站在偉人的肩膀上，創造新世紀的未來模式」（On the Shoulder Of Giants: Mental Models for the New Millenium）的精神，幫助學生從舊的均衡系統模式走進更新、更富動態變化的模式，以掌握世界潮流眞實的脈動。他說：「我的直覺告訴我，複合調節系統是了解資本市場運作相當有用的方法，只要愈來愈多人了解複合調節系統，我相信投資人就會更了解市場運作的眞實狀況。」

分析市場如何運作和企圖預測市場如何運作是不同的，我們必須更了解市場行爲背後的涵義，但是我們並沒有因此取得預測未來的能力，複合調節系統主要是告訴大家：市場是隨時變化而且常不按牌埋出牌。蘭格−梅森的比爾．米勒認爲：「我們相信經濟是非常複雜難以預測的，千萬不要以爲能預測市場未來走勢，而調整投資組合以配合預測。」

米勒就像巴菲特一樣，從不讓無謂的預測左右他選股的策略，但他並沒有因此而不研究市場的各種行爲，他說：「我們花了許多時間來解釋學術界對市場的基本看法，但複合調節系統對我們觀察市場行爲有最大的助益。」

比爾．米勒是從一篇由詹姆士．格利克（JamesGleick）所寫有關混沌理論（Chaos Theory）的文章中知道聖他菲研究院的，當時詹姆士是《紐約時報》的科學專欄作家。米勒開始研究是否能藉由對複合調節系統的了解，令他對市場有更獨到的見解。一九九一年，他因工作之便認識了當時提供該研究院經濟小組研究經費的花旗銀行集團總裁約翰．李德（John Reed）。

米勒認爲投資的最大問題是，業界的每個人都經歷同樣的工作經歷，讀同樣的研究報告和書籍，投資人也從同樣的管道取得大同小異的資訊。在聖他菲，約翰讀了許多複合調節系統的報告和文獻，他說：「這些報告提供了像我這樣講究實效的生意人非常獨到的看法，雖然這些研究不是教我們如何打敗市場，但他們都很樂意分享他們的工作成果。」

米勒現在成爲該研究院董事會成員之一，因爲他相信聖他菲的研究開啓了思想的新領域。

他說：「經濟體就像任何其他複合調節系統一樣，是由許多規則、漏洞和媒介互動組成的環境。而聖他菲眞正提供給我們的是，找出這些系統內的組成分子和媒介的運作狀態，幫助我們從此放棄那些過於簡單死板的模式，以更創新的方式了解市場的複雜性。」

舉例來說，大家都會把經濟體想像成彼此爭奪搶占市場的叢林一樣，但生態學家的研究卻發現，敵對物種有共生共存的現象。該院出版一本有關複合系統的書中提到，生態學家發現有兩種鳥類經常爭奪類似的食物來源，卻都住在同一棵樹上。一種鳥棲息在較高的樹幹上，另一種則在較低的樹幹上築巢。

讀到這，米勒不禁聯想到電腦的市場狀況，尤其是戴爾電腦和康柏電腦之間的激列競爭。他表示：「康柏其實並沒有和戴爾有直接的競爭，雖然有些競爭超乎一般人想像的複雜，但事實上這兩家公司在市場上都有他們自己獨特的優勢。」

全新評估模式

米勒相信投資人應該以不同的思維來面對今日的市場，尤其當標準普爾五〇〇股價指數已經將許多科技類股都納入其指數成份中，產生與其他金融類股相當不同的特性，今日的市場已不再是一九六〇年代的市場了（見表8-4）。一九六四年科技類股僅占整體標準普爾五〇〇股價指數比重約五．五％，而原物料類股則占約一六．五％。現在這兩種類股的比重幾乎完全相反，原物料股僅占指數比重約六．九％，而科技類股卻占有約一二％，並且仍在增加當中。還有其他許多不同的地方，如一九六〇年代公共事業及石油類股占指數比重約三七％，現在這兩類股僅占一九％。當初不甚起眼的金融和醫療類股，現在卻占了指數約四分之一的比重。

比爾．米勒說：「大部分的投資人只知道用過去的評價方式來評估現在的股價價格，但時空環境已經不同了。當整體經濟狀況改變、或當資本支出報酬有所不同、或當特殊行業或策略有所不同時，評價的方式也會跟著改變。」換句話說，過去的評價方式

表8-4　相差三十年的標準普爾500占比

類股	資本化比重	
	1964（%）	1996（%）
金融	2.0	14.6
醫療	2.3	10.7
非耐久性消費	9.0	12.8
消費服務	6.3	9.7
耐久性消費	10.8	2.7
石油	17.8	8.9
交通	2.6	1.6
科技	5.5	12.0
原物料	16.5	6.9
資本商品	8.0	9.9
公共事業	19.2	10.2
總計	100.0	100.0

只能在產業和公司營運與當初的條件完全不變時才有效。但是今日的市場和一九六〇年代的市場環境，對個別公司乃至指數本身都已產生極大的變化。

股票市場反映出許多投資人、交易員和投機客，經過各種不同投資決定後的累積行爲表現。雖然每個人的決定都是獨立的，而且每個人對市場的了解就像瞎子摸象一般，都只知道一小部分。但當所有的媒介一起運作，完整的市場環境於焉成形。但是在複合調節系統中，我們無法單靠了解個別媒介行爲而預測市場未來走向，因爲在這個市場裡，就算是一群媒介的組合力量，都還是微不足道。

有時候一群媒介的行爲常常可以造成一種趨勢，但是每個人所知有限，雖然有人可以感受到這個趨勢，但都說不出個所以然來。所有市場媒介的互動結果產生出價格的變動趨勢，而這個趨勢使人們開始用來作爲預測的基礎。舉例來說，某檔股票的股價可能進入上下狹幅盤整的區間，許多人開始認爲可以從中區間操作賺錢。米勒認爲會有些微的變化開始慢慢滲透進去影響股價，等到關鍵時點，股價就會有意料不到的表現。莫布遜表示：「每一粒穀物雖然毫不起眼，但是聚小成多卻很驚人，當累積超過一個臨界點時，原有的系統就會失去平衡。」結果就是如雪崩一樣的效果。

些微的變化一直在影響市場，米勒說：「最令投資人害怕的是，當趨勢在沒有任何外部預警的狀態下突然崩潰，投資人常常慘遭套牢，因爲他們並沒有注意到這些些微變化。」

投資人常常認爲某檔股票股價或大盤指數會回歸到歷史均價附近，但是均價不代表一種穩定狀態，眞正的股價是永遠變動的，因爲所有的投資人隨時都在調整他們的決策，適應別人無法預測得知的判斷結果。他提醒投資人不要太過依賴歷史的股價模式，因爲這樣做的風險相當高，「你可能以爲市場的動向是一種簡單、直線的運作，但事實上市場的方向常常不是一條直線的，而是非常複雜且隨時處於調節狀態，所以你的模式並非永遠可行。」

百變的模式

喬治．強生（George Johnson）在他的《心靈之火》（*Firein the Mind*）書中寫到：「心靈常常渴望尋找眞實的和想像的思考模式，也常在基本的混亂軌道上脫軌。」他的這番話完全反映所有投資人的決策困境。強生認爲心靈追求模式，模式帶來秩序，使我們安於計畫並善用資源，但當我們研究市場行爲時，這種心靈追求秩序的自然反應卻有不同的結果。布萊恩．亞瑟說：「如果某一系統是複合系統，那麼唯一的模式就是沒有固定重複的模式。」

如果聖他菲研究院能透徹研究複合系統，我們可透過這些暗喻的例子來觀察某一複合系統的行爲。不過在此之前，我們仍需生活在一個行爲模式常被打斷，甚至有時劇烈變動的市場裡。不管喜歡還是不喜歡，我們都生活在隨時變動的世界裡，這個世界變動的模式和萬花筒一樣，在外形上看起來有些相似之處，但變動的秩序卻永不相同，因為每個模式都是全新不同的。

投資人如何在一個缺乏認知模式的世界中生存呢？就是要找到正確的層次和方向。雖然經濟體或市場本身太過複雜難以捉摸，我們還是可以掌握公司企業的層次，在每個公司內部都有獨特的模式、經營管理模式和財務模式等。如果你研究這些模式，應該可以掌握未來公司發展的模式。這就是巴菲特所重視的模式，而不是那些成千上萬投資人不可捉摸的行為模式。他說：「我一直認為研究公司基本面比研究群眾心理面簡單多了。」

巴菲特說：「我們會繼續忽視那些政治和經濟的預測，對投資人和生意人來說，這些都是奢侈又會讓你分心的指標。三十年前沒有人預知越戰的蔓延、薪資和物價的控制、兩次石油危機、尼克森總統辭職下台、蘇聯的瓦解、道瓊工業指數一天跌五〇八點、公債殖利率在二．八%和一七．四%之間波動等種種情況。」

不知道未來會發生什麼事，並不會對巴菲持的績效表現造成任何困擾。他說：「上述這件重大政治事件也都沒有使葛拉漢的投資策略有所影響，也沒有使我們收購優良企業的價格有什麼變動，如果我們讓這種對未來無知的害怕困擾我們投資的決心，那麼之後要付的成本將非常高昂。」

就像是演說模式通常直接受到思考模式所影響一樣，如果投資人感受到某種模式，那麼無論該模式有多少瑕疵，投資人都會依此模式作決策。聖他菲研究院的研究最大好處在於，它讓你了解市場其實並非原先預期的那樣。一旦知道市場是個複合調節系統，就不會再去相信市場的可預測性。也會知道市場總有遇到多空轉折的時候。

巴菲特說：「三十年後，市場可能經歷一場更不一樣的大改變，我們不要企圖去預測這些轉變，並想從中獲利。如果我們專注發掘如我們過去投資的好公司，外在的變化將不會對我們的長期投資有任何不利影響。」

所以當你下次再認爲你終於發現可以反覆從中獲利的市場模式時，請想想那些在聖他菲每天研究的科學家們。當你下次再被市場意料之外的波動嚇呆的時候，記得巴菲特說的：「請面對兩個不順你意的事實：未來永遠不明，想要在市場上取得預測的共識終將付出慘痛代價。市場不確定性是作長期價值導向投資人的好朋友。」

第九章　如何成爲投資強棒

棒球的第一要則：等到好球才揮棒

——羅傑・亨斯比

知名的生物學家史迪芬・傑・庫爾德（Stephen Jay Gould）一生著作豐富，他在一九九六年曾出版《高朋滿座：從柏拉圖到達爾文的傑出傳承》（*Full House: The Spread of Excellence from Plato to Darwin*）一書。他喜歡研究複雜的自然生活，觀察生活中的各種變化，他從小到大一直是紐約洋基棒球隊球迷。他在這本書中提到，美國大聯盟中有四成打擊率的強棒已經後繼無人。

從一九〇一至一九三〇年的資料顯示，在這三十年間的九個球季中至少有一名球員平均打擊率超過四成。在此後的六十八年中卻僅有泰德・威廉斯（Ted Williams）曾經有過四成零六的打擊率。

由上述的統計我們似乎可推論，大聯盟的打擊技巧已長期低落，庫爾德卻不這麼認爲，而且他相信另外一種更具說服力的解釋：由於各隊的整體守備能力愈來愈強，而使打擊者愈來愈難發揮。投手的球路變化與日俱增，同時內、外野手的高度協調，使球隊面對強打的防守能力大爲增強。庫爾德認爲：「隨著球技愈來愈精湛，球隊訓練也都朝向正確的方向發展，使得特別出人意外的變化也就愈來愈少，所以四成打擊率的強棒就隨著各球隊整體表現提升而不多見了。」

《投資組合管理》雜誌的創始編輯伯恩斯坦非常認同庫爾德之理論，並且認爲這個理論也適用於基金管理。他同時也出版另外兩部金融鉅著：《資本概念：天外飛來的現代華爾街理論》（*Capital Ideas: The Improbable Origins of Modern Wall Street*）及《與天爲敵》。他認爲：「基金經理的運作模式其實與棒球運動非常類似。」由於投資組合的教育和知識不斷提升，使得專業基金經理人的操作難度提高，同時由於人們的投資操作技巧也日益精進，績效超人一等的明星級基金經理人也就愈來愈難見。

由以上精彩的比喻，許多人可能認爲像巴菲特這樣的投資強棒，將逐漸由資訊充實的效率市場所取代。事實上波恩斯坦也說：「如果拿柏克夏－哈薩威公司從一九六〇年到一九七〇年，和從一九八〇年到一九九〇年的績效表現，分別比起同時期的標準普爾五〇〇股價指數的漲幅，一九六〇年到一九七〇年的表現的確比較好。然而，衡諸今日證券市場激烈的競爭性，和柏克夏公司過於龐大的資產規模，我認爲巴菲特仍然可以算是超級投資強棒。」

投資強棒要件

伯恩斯坦在其題爲〈去年強棒今何在?〉（Where, Oh Where Are the .400 Hitters of Yesteryear?）的文章中，刻意對績效表現的假設保留了一個討論空間。他認爲要成爲一位投資強棒，基金經理人必須「集中持股以求更高報酬」。雖然伯恩斯坦同時也相信如果選股錯誤，這種投資策略的風險和標準差也會較大，但是如果要使長期獲利高於市場平均報酬率，唯有靠核心投資法。

如果我們打開伯恩斯坦假設的保留空間，我們將會輕易發現凱因斯、費雪、巴菲特、蒙哥、辛普森和諾內的投資事蹟歷歷在目。初出茅廬的棒球菜鳥都會專心觀摩泰德．威廉斯的一舉一動，我們可藉由研究四成打擊率強棒的打擊姿勢，及揮棒動作而獲益良多。正如巴菲特所說：「我們要想盡辦法當強棒的球童，才能靠近觀察。」

強棒基金經理人養成要件：

- 視股票投資爲正規事業
- 增加投資規模
- 減少投資組合周轉率
- 運用另類績效評估指標
- 學習思考機率
- 認知誤判的心理分析
- 不理會市場預測
- 等待有利投資機會

視股票投資為正規事業

巴菲特說：「依我們所見，投資學習者僅需深研兩門課程：如何評估一家企業及如何看待市場價格。」任何想跟隨巴菲特邁出成功投資第一步的人，首先必須視股票投資爲正規事業，「每當蒙哥和我決定爲柏克夏—哈薩威公司買進股票時，整個過程就像是要買下一家私人企業一樣，我們重視標的公司業務的未來發展遠景、公司經營者以及交易價格。」（詳細的投資原則均載於第一章）。巴菲特說：「投資人最重要的就是以合理價格，投資一家業務單純、前景明確、未來十年、二十年獲利都穩定高速成長的公司。經過時間的驗證，你會發現只有少數公司合乎這種標準，因此一旦發掘出這類績優公司，就該大舉投資。」

增加投資規模

巴菲特坦言：「如果沒有找到我願意將十分之一資產投入並持有的股票標的時，就什麼都不買。因爲如果我不想投資很多，表示這個投資標的不怎麼樣。」那麼投資人到底該持有多少種股票？

巴菲特認爲必須依每個人的投資策略而定，**如果你具備分析與評估企業的能力，就沒有必要分散持有太多的股票，那些廣泛分散投資的人通常都不知道自己在做什麼**。其實並沒有什麼硬性規定要求投資人必須在每個主要產業都有投資，你不必爲充分分散風險，而持有四十、五十甚至一百種股票。巴菲特質疑道：「如果一家企業主覺得集團旗下只要擁有十家公司就夠了，那麼這又與只想要投資買進十檔股票有什麼不同？」

廣泛分散投資其實是一把雙刀劍，如果投資者不具分析企業的能力，那麼像指數型基金般地廣泛分散投資組合持股內容，也許是正確的選擇。然而我們也明白，過分的分散投資，局限了個別股票的持有部位，就算選股如何厲害，都會使獲利空間受到壓縮。就連那些現代投資理論教父都發現，「八五％的分散風險度，靠持有十五檔股票就可以辦到，而通常持有三十檔股票就可以使風險分散達到九五％。」巴菲特表示：「如果你所投資的績優公司財務風險低，而且具備長期有利的發展前景，那麼為什麼還要將資金分散在其他標的，而不加碼現成的績優標的？」

減少投資組合周轉率

千萬不要以為經常買進賣出會改善投資組合的報酬率，我們都知道，周轉率愈高產生的交易成本就愈大，從而降低整體報酬率。對一些會被課徵稅收的投資，高周轉率造成的損失就更大。每次一有獲利就出售股票，資本利得就要被扣稅。

只有持股不賣，投資組合中未實現的資本利得就都還是你的，假定當初決定投資該公司的背後因素都沒有改變，繼續持有將可使未實現利益以複利的方式成長。

面對你的投資組合，就像是企業執行長面對旗下所有轉投資公司一樣，母公司是不會輕易讓售「金雞母」子公司，同樣地，投資也不該隨便出售投資組合中的股票。不能只為了眼前的蠅頭小利，而放棄未來的成長空間。**操作投資組合股票正如同經營企業，投資者必須耐心持有績優公司的股票，就像企業對其投資事業展現出的執著一樣。**

運用另類績效評估指標

核心投資的策略傾向於著重基本面的評估，而不是價格導向的策略。以基本面導向來投資，同時集中持股的方法，可以讓我們更加了解公司經營狀況，有效降低整體投資組合的風險，依據這種投資策略，價格波動反而可以使我們用合理價格購入更多的績優股。反之，以價格導向策略來投資，由於廣泛分散投資，投資者與標的公司的關係鬆散，價格一有波動就急著出脫持股。

基本面導向的投資策略使我們了解標的公司的股價長期走勢，因爲股價終將反映其基本面的價值。如果公司基本面改善，股價自然上漲，基本面轉差，股價亦將下跌。

依此基本策略，你已具備成功機率較高的贏家優勢。相反地，試圖推測短期股價走勢的投資方式則是必輸的玩法，雖然基本面導向的投資策略並不依賴短期股價變化作爲衡量標準，但是這並不意謂核心投資者不需要衡量他們的績效。他們只是需要用比較另類的指標罷了。

正如巴菲特一樣，核心投資人可以標的公司未來的獲利，來衡量投資組合的可能表現。例如以持有股數乘以持有公司個別每股盈餘的總合，得知投資組合的總獲利能力。巴菲特解釋：「投資人就像企業主一樣，目標都是使自己的投資組合，或轉投資事業能在十年內獲利豐厚。」

學習思考機率

我們都知道巴菲特衷情於玩橋牌，對於他及蒙哥把玩橋牌的策略和投資的策略相提並論，也不會感到奇怪。蒙哥說：「我們的投資策略如同玩橋牌的策略一樣，就是要評估贏的機率。」巴菲特最喜歡一本有關橋牌的書是由賽門（S. T. Simon）所寫，書名為《為什麼你玩橋牌會輸？》（*Why You Lost of Bridge?*）其中的見解可供核心投資者作為借鏡。賽門認為：「除了真正的專業玩家以外，很少有人花費心力將數學原理融入橋牌中。贏家通常不是靠非凡的牌技，而是靠敏銳的數學感觸。」

任何紙牌遊戲包含橋牌、撲克或二十一點都與數學有關，投資也涉及到數學，但不需要什麼太高深的數學，大概只有高中程度而已。在投資過程中，數學的運用仍須輔以主觀的機率分析，此種技能是由經驗累積得來。巴菲特在很多場合說過他是一個生意人，而且因為他懂得如何投資，所以成為出類拔萃的生意人。

只要你花時間研究股票，閱讀公司年報及貿易雜誌，潛心調查公司基本面的變化，而非股價的變化，自然而然就能掌握機率的概念，同時也能快速掌握隱藏在股價變動下公司真正的基本面成長狀況。巴菲特指出：「你應該可以看到一些周而復始的商業模式及行為，而華爾街卻對這些狀況視若無睹。」

如果你是重視公司基本面的投資人，就會發現你能夠輕易地思考投資獲利的機率，這也就是你的競爭利基。賽門說：「總而言之，無法將數學原理融入橋牌應用的橋牌手，難成大器！」

認知誤判的心理分析

機率理論的創始者之一巴斯卡曾經說過：「每個人的心靈隨時都同時存在正邪的意念。」蒙哥也曾對心理學和投資的相互影響有精闢的見解。他認爲：「人的心靈同時具有強大的力量，和造成判斷錯誤的瑕疵。」心理學對於投資的影響非常重要，我們或許可以對基本面及機率掌握得很好，但如果讓情緒超越理性，而作出不當的判斷，縱使核心投資法或其他任何好的投資策略都將毫無助益。

要知道核心投資法並非對每個人都適用，因爲它獨特的方式常與多數人的投資策略相左。蒙哥說：「大家在採行核心投資法前，都必須斟酌自己的心理狀況是否能配合，如果虧損會使你非常挫折，而投資過程中有時虧損是無法避免的，那麼我建議你還是採行其他傳統的策略，免得使你的生活很難過。」巴菲特也認同這點，「只要你有長期投資的眼光，核心投資會使你個人的風險成爲投資組合的唯一風險，因爲雖然公司的基本面最終會反映在股價上，但如果你的心靈不夠堅定，可能導致信念崩潰而不知所措。」

不理會市場預測

誰能想到，一九九七年底世界第二大經濟強國的日本，會陷入二次世界大戰以來空前的經濟蕭條？誰又曾預測到俄羅斯無力償還大筆外債、東南亞金融市場紛紛重傷倒地，還有紐約道瓊工業指數在六週內暴跌一、八〇〇點後的三個月內又能再創新高？答案是：沒有人預知其結果。就算有人宣稱他曾準確預知以上這些事，他也不見得能再次準確預測類似事件。

股票市場（全球經濟的一部分）乃是一個永恒進化，而且隨時處於調節狀態的複合系統。單純的預測模式短期似乎有效，最終仍將失效。預測的結果雖然很誘人，但如果眞的依賴它，就再愚蠢不過了。巴菲特認爲股市經常是很有效率的市場，當它很有效率時，各種資訊充斥，投資人很快就能使股價完全反映消息。

要留意的是，巴菲特並沒有說股市是永遠有效率的，股價也常常沒有完全反映公司的實質內部價值，原因包括心理上的過度反應及基本面的誤判。核心投資人可以利用這些價格與價值不符的時機來投資，可是如果參雜了對總體經濟或股市未來表現的預測，就連核心投資人的優勢也會被打折扣。

等待有利投資機會

泰．卡柏（Ty Cobb）曾說：「威廉斯等的球比別人都多，因爲他要等最適合打擊的球。」嚴格的選球訓練，是造就威廉斯成爲過去七十年來唯一有四成打擊率的強打。巴菲特非常崇拜威廉斯，所以他在很多場合向柏克夏—哈薩威公司的股東們分享威廉斯的打擊策略。威廉斯在《打擊技巧》（*The Science of Hitting*）這本書中剖析自己的打擊技巧，他將好球帶畫分爲七十七個棒球大小的格子。巴菲特解釋：「當球在最佳的位置時才揮棒，威廉斯就是這樣才能有四成的打擊率，如果他選擇又低、又偏外角的位置揮棒，打擊率就會降低爲二成三。」

威廉斯的打擊策略運用到投資上顯然至爲適切，巴菲特認爲投資就是面對一系列的投球。要有較好的績效，就必須等待投資標的通過好球帶的最好位置。巴菲表示許多投資人的績效不好，是因爲常常對壞球揮棒。也許投資人並非不能認清一個好球（一家好公司），事實上，忍不住而亂揮棒，才是績效差的主因。

要如何克服這種困境？巴菲特建議投資人，要想像自己握著一張只能使用二十格的「終身投資決策卡」，終其一生你只能做二十次的投資抉擇，每揮棒一次，卡就被剪掉一格，剩下的投資機會也就愈來愈少，如此可使你愼選投資時機。

對又低、又偏外角的球盡量不要揮棒，威廉斯就是寧願冒著被三振出局的風險，去等待最佳的打點，在這方面投資人可就容易多了，巴菲特解釋：「跟威廉斯不同的是，投資人即使在打擊區有三次投球未揮棒，也不會被裁判趕出局。」

核心投資人的警示

在放下這本書之前，你最好仔細思考我接下來要說的話，我的上一本書《勝券在握》和這本書企圖想給投資人的東西，就像是一本法拉利跑車的操作手冊，如果你想要駕馭這部時速可達二百哩的高性能跑車，享受風馳電掣的快感，就必須背負安全駕駛的責任。你不但要詳讀操作手冊的指示，更要遵守沿路上許多的警告標語。同樣地，如果你決定要採行核心投資法，我也必須警告你一些必須切實遵守的原則：

●首先，在不確定是否要將投資股票當作是企業擁有時，不要輕言投資。

●準備靠自己努力分析標的公司的基本面狀況，同時也要分析你所不喜歡的公司基本面，使自己成爲對該公司或產業最明瞭的人。

●如果你沒有準備最少要持有股票超過五年以上，就不要輕言採行核心投資。對講究投資安全的人，持股時間愈長愈有保障。

●投資組合忌用融資。沒有槓桿倍數的投資組合就已足夠讓你達成獲利目標。記住，突然而來的保證金追繳，可能使未來很好的投資組合成爲泡影。

●修身養性以配合執行核心投資法。

身為一位核心投資人，最重要的目標就是比華爾街人士還了解你的投資標的。你或許認爲這是不可能的，但是實際上做起來並沒有想像中困難，如果你願意比一般投資人付出更多的精力來分析標的公司，就會掌握更大的競爭優勢。

巴菲特表示，其實核心投資法並沒有超出任何投資人的理解範圍，我非常同意他的說法，因爲你甚至不須要有財務企管碩士級的評價能力，就能靠核心投資法賺錢。但是必須付出時間和精神來研究、體會這個過程，就像巴菲特說的，「投資其實比你想的容易，但是卻比外表看起來還難。成功的投資不需要太過艱深的數學和難懂的符號，不須要去了解衍生性金融商品和國際匯率的波動，也不需要費心思量聯邦準備銀行的金融政策，更不需要追逐那些市場大師對市勢走勢的分析預測。」

許多投資人寧願花時間聊聊「現在市場的狀況」，也不願去讀公司的年度報告。但是請相信我，對利率和股市那種東拼西湊的聊天內容，絕對比不上花三十分鐘看看公司最新的營運及財務報告來得有用。

華爾街的愚昧

華爾街一向以快速仿效他人成功捷徑出名，但很令人不解的是，它竟然能刻意從以前就一直忽略核心投資，甚至許多核心投資者靠這種方法致富成名之後，情況還是沒有改善。蒙哥說：「我們的投資策略其實很簡單，但令我感到非常不解的是，很少人願意使用它。柏克夏公司的許多股東們已經起而效尤，你們大家也都非常清楚這種策略。但是大學或其他學術機構都不把這種策略當作是策略操作的標準。這種現象本身就是個非常有趣的問題：如果我們是對的話，爲什麼那麼多的法人仍然堅持錯的一方？」

蒙哥的問題一針見血的指出一個基本問題：「爲什麼人們排斥接受新觀念？」甚至我們要問：「爲什麼人們拒絕接受已經被證明很成功的觀念？」最夠格回答這個問題的人是湯姆斯・庫恩（Thomas Kuhn）。

庫恩於一九九六年去逝，生前是著名的物理學家兼哲學家。庫恩在一九六二年的著作《科學革命的結構》（*The Structure of Scientific Revolutions*），被認爲是二十世紀後半期最具影響力的哲學經典之一。這本書非常暢銷，賣了超過百萬本，內容主要在介紹「典範」（paradigm）的概念和後來衍生的流行說法：典範移轉（paradigm shits）。

庫恩認爲科學進化的過程並非很順利，雖然我們直覺上認爲科學發現的過程就是將新的發明像砌磚頭一樣，加諸在已知發明之上。但庫恩表示，有時科學的發明是靠危機產生的，首先要將當時的主流思考模式和典範徹底拆除，然後才能建構出全新的思考模式。

歷史的演變似乎和庫恩的理論相吻合，哥白尼的理論推翻了當時以地球爲宇宙中心的看法，愛因斯坦的相對論使歐基里德的幾何學相形失色。庫恩認爲在這些例證當中可看出，每個典範在被轉移前，通常都會經歷充滿危機的時代。有些人認爲現在爭論廣泛分散的投資組合和核心投資組合到底孰優孰劣，代表現在正是觀念準備轉移的危機時刻。

庫恩認爲在典範轉移前的初步，我們會先看到一些比較異常（anomaly）的事物。巴菲特說：「我對『比較異常的事物』這個詞感到很有興趣，因爲我認爲像哥倫布當初也可以算是滿特殊的。『比較異常的事物』指的是通常學術界無法解釋的事物，因爲學術界寧願先排除接受這些新的事物或理論，也不願再次檢驗這些新的事物或理論。」

幾年來學術界都企圖將巴菲特當作是異常人物，因爲他們認爲巴菲特的成功只是特例，未來再有類似情形的機會很少。有些經濟學家再度套用他們最經典的猩猩比喻，他們會說：「如果你將足夠的猩猩放在一間房間內，從統計學的觀點來看，很有可能其中就有一隻會有所謂的巴菲特現象。」但是如果他們的比喻合乎邏輯，那麼要如何解釋凱因斯、費雪、蒙哥、辛普森和諾內的成功？

新的典範正在成形的理由之一，可能是因爲舊的典範似乎開始崩潰，當這種現象開始發生，舊的典範通常會有崩潰前的奮力反擊，企圖挽回頹勢。當托勒密（Ptomely）的地球爲宇宙中心說無法解釋許多星體運轉的現象時，一些天文學家就開始加油添醋，企圖替托勒密理論打圓場。他們堅信托勒密沒錯，只是他的理論稍微需要修改而已。

你可能會認爲現在的科學家隨時都準備吸收新的或甚至相當不一樣的觀念，然後共同努力去建構新的典範。庫恩卻不這麼認爲：「雖然舊典範的支持者已開始喪失信心，並且考慮嘗試另類方法，但他們仍不會輕言放棄帶他們進入這場危機的舊典範。」已經投資那麼多的心血推廣和教育既有模式，如今要馬上接受典範轉移，的確是一個不論從心智上、情緒上和經費上都無法負擔的風險。

每當歷史發生典範轉移時，都會牽動數十年和幾個世代才完成，因爲需要足夠的時間教育新的支持者。當舊典範已經確定不符合時代的需求，新的典範才會大舉進駐人們的日常生活。在典範轉移完成之前，最大的挑戰在於，新典範的支持者是否能在充滿敵意的世界中生存下去。

庫恩告訴我們，要能在一個典範轉移中生存需要反抗和信心，我建議所有巴菲特學派的超級投資人都應實踐這兩種特質，而我們只要追隨他們成功的腳步就好了。

投資與投機

凱因斯、葛拉漢、巴菲特等偉大投資思想家都曾對投資與投機的差異表示看法。凱因斯認爲：「投資是預測資產未來報酬率所進行的活動……而投機則是預測市場心理的活動。」葛拉漢認爲：「投資是一種經過深入研究的保本獲利行爲，而任何沒有達到上述要求的理財行爲都是投機。」巴菲特深信：「如果你是一名投資者，你會研究標的公司的未來發展。如果你是投機客，就不會去管標的公司的營運狀況，只會預測它未來股價的可能走勢。」

普遍來說，他們都同意投機客只在意股價未來的走勢，而投資人則比較在意標的公司的基本面狀況。如果他們的看法無誤，那麼當今金融市場的主流勢力是投機而非投資。其實這兩者之間的界限一直是見人見智的爭議話題，雙方的支持者也彼此口誅筆伐。

葛拉漢在最後告別人世之前曾接受查理．艾理士（Charles Ellis）的訪談。艾理士是格林威治合夥公司（Greenwich Partners）的合夥人，也是《打敗輸家》（*Winning the Loser's Game*）這本書的作者，他在一九七六年爲《財務分析師期刊》（*Financial Analysts Journal*）作訪談。艾理士回憶當時葛拉漢針對投資和投機的看法，葛拉漢似乎並不在意市場上投機的風氣，因爲他認爲市場上本來就存在許多投機客。但葛拉漢比較困擾的是，許多投資人常常在市場上耳濡目染一些投機習性。

也許我們切人這個爭議的角度不對，與其比賽到底雙方支持者誰的聲音比較大，還不如以我們自己是否能眞正學習到投資知識的角度切入。我認爲如果採用核心投資的策略來研究投資，你會對標的公司的營運狀況和股價表現有更深的體認，如果你採取廣泛分散的投資策略，將會發現高周轉率使交易成本增加，而低周轉率可以提升可能的獲利空間。當你發現每天都忙著追漲殺跌到頭來只是一場遊戲一場夢，就會開始累積眞正的投資知識和策略，使你逐漸遠離投機的行爲。

我可以很確定告訴大家，知識的累積絕對可以增加我們的投資報酬（參考圖9-1），同時降低整體風險（參考圖9-2），我相信知識就是分隔投資和投機的界限（參考圖

圖9-1

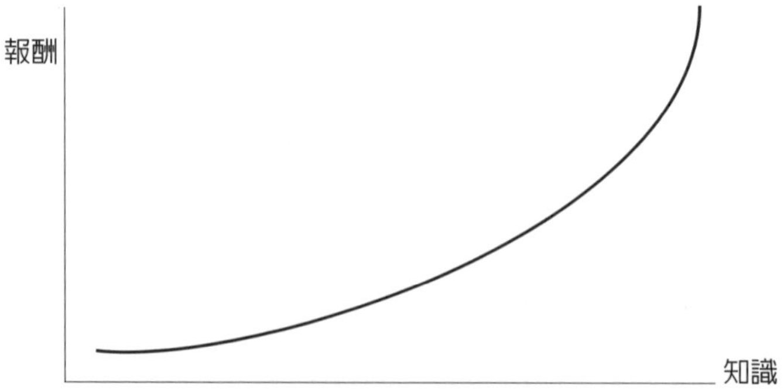

知識與報酬的互動關係

9-3），你最後會發現隨著投資知識水準的提升，你的思考和行爲就愈不可能被純粹的投機意念所主導。

知名投資理財作家羅．契爾諾（Ron Chernow）表示：「金融環境體系反映出社會的價值。」我非常認同，只要我們的價值觀開始出現誤差，市場就會指引我們朝向投機的行徑。

投資人在投資的這條路上踽踽獨行，跌倒了馬上又調整好自己的步伐再度出發，直到再次犯錯而摔倒。要終止這種惡性循環的方法就是教育自己正確的投資方法。

見賢思齊

在前不久柏克夏—哈薩威公司的一場會議中，巴菲特和蒙哥被問到是否能教育新一代投資人正確的理財觀念和作法，其實他們兩人很早就開始從事這項任務。柏

圖9-2

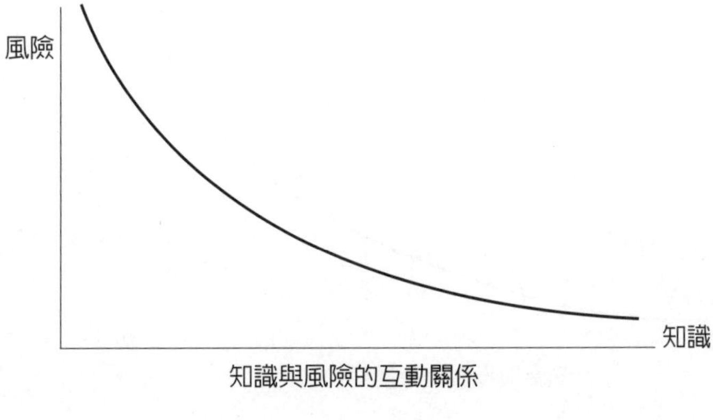

知識與風險的互動關係

克夏—哈薩威公司的年度會議之所以有名，就在於它很清楚簡潔，沒有一些亂七八糟的廢話，富有極高的教育價值。那些無法親身參與會議的人也可以從亨利・愛默生（Henry Emerson）的書《傑出投資人文摘》（*Outstanding Investor Digest*），了解這兩位投資大師的許多訪談和演講內容。巴菲特和蒙哥在公開場合的一言一行中，傳授了成千上萬投資人正確的投資過程，使得投資人就像是遇到名師一樣，受益匪淺。

知識與投機的互動關係

蒙哥最爲人著稱的是，「從別人智慧的結晶中吸取精華，而不是自以爲可以坐著單憑幻想就知道所有事情，沒有人這麼聰明。」

巴菲特非常認同蒙哥的看法，他說：「我通常都靠自己大量閱讀，學習別人的知識和創意，因爲我不認爲

圖9.3

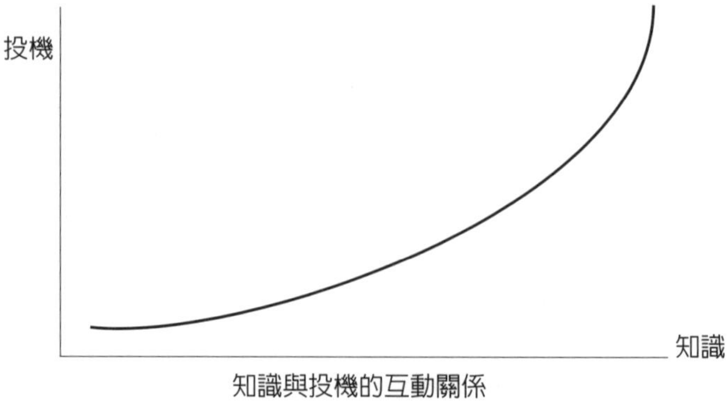

知識與投機的互動關係

自己有很多原創的觀念。我之前說過，我讀葛拉漢的書，也讀費雪的書，我的許多觀點都是從閱讀來的。」他也曾說：「你可以從別人的書中學到許多東西，而不需要自己花腦筋創造新知。重要的是要會充份從別人身上學來最好的知識。」

求知的過程就像是旅行。巴菲特和蒙哥把前人的智慧納爲己用，融入自己的體認，並且慷慨的傳授給那些充滿活力、思想開放、努力認眞和好學不倦的投資人。

蒙哥曾說：「許多人非常排斥學習任何新知。」巴菲特也表示：「更驚人的是，他們也排斥那些對他們有絕大好處的新知。他們排斥多用腦思考，也排斥改變自己的想法。我曾引用伯川・盧梭（Bertrand Russell）的話『大部分的人寧願死也不願花腦筋思考。』從投資理財的現實環境來看，盧梭的看法有理。」

附錄A

表A-1　柏克夏-哈薩威一九九八普通股投資組合

股票數量	公司	成本	市值	投資組合百分比（%）	年報酬率（%）	加權報酬率（%）	平均加權報酬率（%）	2%加權報酬率（%）
3,000,000	資本城	$517,500.00	$1,086,750.00	35.6	5.1	1.8	1.0	0.1
6,850,000	蓋可公司	45,713.00	849,400.00	27.8	13.5	3.8	2.7	0.3
14,172,500	可口可樂	592,540.00	632,448.00	20.7	22.8	4.7	4.6	0.5
1,727,765	華盛頓郵報	9,731.00	364,126.00	11.9	13.6	1.6	2.7	0.3
2,400,000	聯邦房地產貸款	71,729.00	121,200.00	4.0		0.0	0.0	0.0
								14.9*
	總計	$1,237,213.00	$3,053,924.00	100.0		11.9	11.0	16.0

資料來源：柏克夏．哈薩威一九八八年版
注意：金額以千為單位　　標準普爾報酬率　16.6%
* 市場報酬率（標準普爾 500）代表90%的投資組合

表A-2　柏克夏-哈薩威一九八九普通股投資組合

股票數量	公司	成本	市值	投資組合百分比（%）	年報酬率（%）	加權報酬率（%）	平均加權報酬率（%）	2%加權報酬率（%）
23,3501000	可口可樂	$1,023,920.00	$1,803,787.00	34.8	77.0	26.8	15.4	1.5
3,000,000	資本城	517,500.00	1,692,375.00	32.6	55.8	18.2	11.2	1.1
6,850,000	蓋可公司	45,713.00	1,044,625.00	20.1	24.2	4.9	4.8	0.5
1,727,765	華盛頓郵報	9,731.00	486,366.00	9.4	34.6	3.2	6.9	0.7
2,400,000	聯邦房地產貸款	71,729.00	161,100.00	3.1	0.0	0.0	0.0	0.0
								28.5*
	總計	$1,668,593.00	$5,188,253.00	100.0		53.1	38.3	32.3

資料來源：柏克夏一哈薩威一九八九年版
注意：金額以千為單位　　標準普爾報酬率　31.6%
* 市場報酬率（標準普爾 500）代表90%的投資組合

表A-3　柏克夏-哈薩威一九九〇普通股投資組合

股票數量	公司	成本	市值	投資組合百分比（%）	年報酬率（%）	加權報酬率（%）	平均加權報酬率（%）	2%加權報酬率（%）
46,700,000	可口可樂	$1,023,920.00	$2,171,550.00	40.2	22.7	9.1	3.8	0.5
3,000,000	資本城	517,500.00	1,377,375.00	25.5	-18.6	-4.7	-3.1	-0.4
6,850,000	蓋可公司	45,713.00	1,110,556.00	20.5	7.5	1.5	1.3	0.2
1,727,765	華盛頓郵報	9.731.00	342.097.00	6.3	-28.4	-1.8	-4.7	-0.6
5,000,000	盛爾斯‧富國	289.431.00	289,375.00	5.4	-16.8	-0.9	-2.8	-0.3
2,400,000	聯邦房地產貸款	71,729.00	117,000.00	2.2	-25.4	-0.6	-4.2	-0.5
								-2.7*
	總計	$1,958,024.00	$5,407,953.00	100.0		2.7	-9.8	-3.9

資料來源：柏克夏．哈薩威一九〇〇年版
注意：金額以千為單位　　標準普爾報酬率　-3.1%
*市場報酬率（標準普爾 500）代表90%的投資組合

表A-4　柏克夏-哈薩威一九九一普通股投資組合

股票數量	公司	成本	市值	投資組合百分比（%）	年報酬率（%）	加權報酬率（%）	平均加權報酬率（%）	2%加權報酬率（%）
46,700,000	可口可樂	$1,023,920.00	$3,747,675.00	42.9	75.4	32.4	10.8	1.5
6,850,000	蓋可公司	45,713.00	1,363,150.00	15.6	23.8	3.7	3.4	0.5
24,000,000	吉列公司	600,000.00	1,347,000.00	15.4	81.8	12.6	11.7	1.6
3,000,000	資本城	517,500.00	1,300,500.00	14.9	-5.5	-0.8	-0.8	-0.1
2,495,200	聯邦房地產貸款	77,245.00	343,090.00	3.9	188.0	7.4	26.9	3.8
1,727,765	華盛頓郵報	9,731.00	336,050.00	3.9	0.2	0.0	0.0	0.0
5,000,000	威爾斯．富國	289,431.00	290,000.00	3.3	5.3	0.2	0.8	0.1
								26.1*
	總計	$1,668,593.00	$5,188,253.00	100.0		53.1	38.3	32.3

資料來源：柏克夏ー哈薩威一九九一年版
注意：金額以千為單位　　標準普爾報酬率　30.4%
*市場報酬率（標準普爾 500）代表90%的投資組合

表A-5　柏克夏-哈薩威一九九二普通股投資組合

股票數量	公司	成本	市值	投資組合百分比（%）	年報酬率（%）	加權報酬率（%）	平均加權報酬率（%）	2%加權報酬率（%）
93,400,000	可口可樂	$1,023,920.00	$3,911,125.00	35.1	5.8	2.0	0.7	0.1
34,250,000	蓋可公司	45,713.00	2,226,250.00	20.0	64.2	12.8	8.0	1.3
3,000,000	資本城	517,500.00	1,523,500.00	13.7	17.2	2.3	2.1	0,3
24,000,000	吉列公司	600,000.00	1,365,000.00	12.3	2.7	0.3	0.3	0.1
16,196,700	聯邦房地產貸款	414,527.00	783,515.00	7.0	7.4	0.5	0.9	0.1
6,358,418	威爾斯・寓國	380,983.00	485,624.00	4.4	34.5	1.5	4.3	0.7
4,350,000	通用動力	312,438.00	450,769.00	4.0	96.7	3.9	12.1	1.9
1,727,765	華盛頓郵報	9,731.00	396,954.00	3.6	20.4	0.7	2.6	0.4
								6.4*
	總計	$3,304,812.00	$11,142737.00	100.0		24.2	31.1	11.4

資料來源：柏克夏－哈薩威一九九二年版
注意：金額以千為單位　　　　標準普爾報酬率　7.6%
*市場報酬率（標準普爾 500）代表90%的投資組合

表A-6　柏克夏-哈薩威一九九三普通股投資組合

股票數量	公司	成本	市值	投資組合百分比（%）	年報酬率（%）	加權報酬率（%）	平均加權報酬率（%）	2%加權報酬率（%）
93,400,000	可口可樂	$1,023,920.00	$4.167,975.00	37.9	8.3	3.1	1.0	0.2
34,250,000	蓋可公司	45,713.00	1,759,594.00	16.0	-19.7	-3.1	-2.5	-0.4
24,000,000	吉列公司	600.000.00	1,431,000.00	13.0	6.4	0.8	0.8	0.1
2,000,000	資本城	345,000.00	1,239,500.00	11.3	22.0	2.5	2.8	0.4
6,791,218	威爾斯・富國	423,680.00	878,614.00	8.0	73.0	5.8	9.1	1.5
13,654,600	聯邦房地產貸款	307,505.00	681,023.00	6.2	4.9	0.3	0.6	0.1
1,727,765	華盛頓郵報	9,731.00	440,148.00	4.0	12.9	0.5	1.6	0.3
4,350,000	通用動力	94,938.00	401,287.00	3.6	48.5	1.8	6.1	1.0
								8.5*
	總計	$2,850,487.00	$10,998,641.00	100.0		11.7	19.5	11.6

資料來源：柏克夏－哈薩威一九九三年版
注意：金額以千為單位　　　　標準普爾報酬率　10.1%
*市場報酬率（標準普爾 500）代表90%的投資組合

表A-7　柏克夏-哈薩威一九九四普通股投資組合

股票數量	公司	成本	市值	投資組合百分比（%）	年報酬率（%）	加權報酬率（%）	平均加權報酬率（%）	2%加權報酬率（%）
93,400,000	可口可樂	$1,023,920.00	$5,150,000.00	36.9	17.4	6.4	1.7	0.3
24,000,000	吉列公司	600.000.00	1,797,000.00	12.9	27.4	3.5	2.7	0.5
20,000,000	資本城	345,000.00	1,705,000.00	12.2	37.8	4.6	3.8	0.8
34,250,000	蓋可公司	45,713.00	1,678,250.00	12.0	-2.6	-0.3	-0.3	-0.1
6,791,218	威爾斯・寓國	423,680.00	984,272.00	7.0	15.2	1.1	1.5	0.3
27,759,941	美國運通	723,919.00	818,918.00	5.9	12.4	0.7	1.2	0.2
13,654.600	聯邦房地產貸款	270,468.00	644,441.00	4.6	3.2	0.1	0.3	0.1
1,727,765	華盛頓郵報	9,731.00	418,983.00	3.0	-3.2	-0.1	-0.3	-0.1
19,453,300	PNG銀行	503,046.00	410,951.00	2.9	-23.6	-0.7	-2.4	-0.5
6,854,500	蓋涅特公司	355,216.00	365,002.00	2.6	-4.5	-0.1	-0.5	-0.1
								1.1*
	總計	$4,280.693.00	$13,972,817.00	100.0		15.3	8.0	2.6

資料來源：柏克夏一哈薩威一九九四年版
注意：金額以千為單位
*市場報酬率（標準普爾 500）代表90%的投資組合

標準普爾報酬率　1.3%

表A-8　柏克夏-哈薩威一九九五普通股投資組合

股票數量	公司	成本	市值	投資組合百分比（%）	年報酬率（%）	加權報酬率（%）	平均加權報酬率（%）	2%加權報酬率（%）
49,456,900	美國運通	$1,392.70	$2,046.30	10.6	42.8	4.5	6.1	0.9
20,000,000	資本城	345.00	2,467.50	12.8	44.9	5.7	6.4	0.9
100,000,000	可口可樂	1,298.90	7,425.00	38.4	46.1	17.7	6.6	0.9
12,502,500	聯邦房地產貸款	260.10	1,044.00	5.4	68.2	3.7	9.7	1.4
34,250,000	蓋可公司	45.70	2,393.20	12.4	44.1	5.5	6.3	0.9
48,000,000	吉列公司	600.00	2,502.00	12.9	41.1	5.3	5.9	0.8
6,791,218	威爾斯・寓國	423.70	1.466.90	7.6	15.2	1.2	2.2	0.3
								32.3*
	總計	$4,366.10	$19,344.90	100.0		43.6	43.2	38.3

資料來源：柏克夏一哈薩威一九九五年版
注意：金額以千為單位
*市場報酬率（標準普爾 500）代表90%的投資組合

標準普爾報酬率　37.6%

表A-9　柏克夏-哈薩威一九九六普通股投資組合

股票數量	公司	成本	市值	投資組合百分比（%）	年報酬率（%）	加權報酬率（%）	平均加權報酬率（%）	2%加權報酬率（%）
49,456,900	美國運通	$1.392.70	$2,794.30	11.4	39.8	4.5	5.0	0.8
200,000,000	可口可樂	1,298.90	10,525.00	43.0	43.2	18.6	5.4	0.9
24,614,214	迪士尼	577.00	1,716.80	7.0	19.1	1.3	2.4	0.4
64,246,000	聯邦房地產貸款	333.40	1,772.80	7.2	34.2	2.5	4.3	0.7
48,000,000	吉列公司	600.00	3,732.00	15.3	50.9	7.8	6.4	1.0
30,156,000	麥當勞	1,265.30	1,368.40	5.6	1.2	0.1	0.1	0.0
1,727,765	華盛頓郵報	10.60	579.00	2.4	20.6	0.5	2.6	0.4
7,291,418	威爾斯・富國	497.80	1,966.90	8.0	27.6	2.2	3.4	0.6
								19.3*
	總計	$5,975.70	$24,455.20	100.0		37.5	29.6	24.0

資料來源：柏克夏一哈薩威一九九六年版

注意：金額以千為單位　　標準普爾報酬率　23.0%

*市場報酬率（標準普爾 500）代表90%的投資組合

表A-10　柏克夏-哈薩威一九九七普通股投資組合

股票數量	公司	成本	市值	投資組合百分比（%）	年報酬率（%）	加權報酬率（%）	平均加權報酬率（%）	2%加權報酬率（%）
49,456,900	美國運通	$1.392.70	$4,414.00	13.9	59.8	8.3	7.5	1.2
200,000,000	可口可樂	1,298.90	13,337150	42.0	27.9	11.7	3.5	0.6
21,563,414	迪士尼	381.20	2,134.80	6.7	42.8	2.9	5.4	0.9
63,977,600	佛雷迪	329.40	2,683.10	8.4	53.8	4.5	6.7	1.1
48,000.000	吉列公司	600.00	4.821.00	15.2	30.4	4.6	3.8	0.6
23,733,198	旅行家集團	604.40	1,278.60	4.0	78.8	3.2	9.9	1.6
1,727,765	華盛頓郵報	10.60	840.00	2.6	47.0	1.2	5.9	0.9
6,690,218	威爾斯・富國	412.60	2,270.90	7.1	28.2	2.0	3.5	0.6
								28.0*
	總計	$5,029.80	$31,780.50	100.0		38.5	46.1	35.4

資料來源：柏克夏一哈薩威一九九七年版

注意：金額以千為單位　　標準普爾報酬率　33.35%

*市場報酬率（標準普爾 500）代表90%的投資組合

附錄B

爲了虛擬核心投資組合，我們選擇一千兩百家公司，研究公司盈餘與股價之間的相關性。我們利用電腦資料庫，查出所有公司十八年間（一九七九－一九九六）每股盈餘和股價的資料。我們採樣的股價接近全年均價，每股盈餘的部分也不包括特殊情況。然後再計算特定時間區段內的每股盈餘成長率（每股盈餘斜率除以標準差）和股價成長率（採用幾何平均法）。最後利用Excel計算每股盈餘成長與股價成長之間的相關性。在表B-1到表B-5中，我們分別以五年、七年、十年和十八年的時間區段，顯示兩項變數間的相關係數。

舉例來說，表B-1顯示三年期間，公司盈餘與股價之間的相關性。如果我們以一

表B-1　三年期

每股盈餘	股價	公司數量	相關係數
1978-1980	1979-1981	1200	0.2758772
1979-1981	1980-1982	1200	0.2629829
1980-1982	1981-1983	1200	0.2568294
1981-1983	1982-1984	1200	0.2797025
1982-1984	1983-1985	1200	0.3529084
1983-1985	1984-1986	1200	0.3418487
1984-1986	1985-1987	1200	0.3460620
1985-1987	1986-1988	1200	0.2906888
1986-1988	1987-1989	1200	0.2312670
1987-1989	1988-1990	1200	0.3606748
1988-1990	1989-1991	1200	0.1694468
1989-1991	1990-1992	1200	0.1315295
1990-1992	1991-1993	1200	0.1577973
1991-1993	1992-1994	1200	0.1479865
1992-1994	1993-1995	1200	0.2509980
1993-1995	1994-1996	1200	0.2634388

千兩百家公司在一九七八到一九八〇年間的每股盈餘變化，與一九七九到一九八一年間的股價變化比較，即可發現兩者間的相關係數只有〇．二七五八七七二。這表示只有二七%的股價變動與盈餘變動相關。

再觀察一九七八到一九九五年間每三年的變化，我們可發現每股盈餘與股價之間的關連性並不強，從最低的〇．一三一到最高的〇．三六〇。

表B-2顯示五年期的相關係數。此時兩者間的相關性較強，最低有〇．三七四，最高則達〇．五九九。七年期則更強，從〇．四七三到〇．六七〇。十年期的相關係數約在〇．五九三到〇．六九五之間。最後十八年期的相關係數爲〇．六八八。

表B-2　五年期

每股盈餘	股價	公司數量	相關係數
1978-1982	1979-1983	1200	0.4338561
1979-1983	1980-1984	1200	0.5417748
1980-1984	1981-1985	1200	0.5997851
1981-1985	1982-1986	1200	0.5704438
1982-1986	1983-1987	1200	0.5862316
1983-1987	1984-1988	1200	0.5683841
1984-1988	1985-1989	1200	0.5074871
1985-1989	1986-1990	1200	0.4973158
1986-1990	1987-1991	1200	0.5093590
1987-1991	1988-1992	1200	0.5467952
1988-1992	1989-1993	1200	0.4038872
1989-1993	1990-1994	1200	0.3861604
1990-1994	1991-1995	1200	0.3751835
1991-1995	1992-1996	1200	0.3747853

此外，每一個時間區段內，都有發生相關係數下滑的情形。例如表B-4中，一九八七到一九九六年間，相關係數從〇．六八八下滑到〇．五九八。最主要的原因在於利率與通膨率降低的緣故。自一九八七年開始，利率和通膨率長期走低，造成預估價格上揚。

表B-3　七年期

每股盈餘	股價	公司數量	相關係數
1978-1984	1979-1985	1200	0.6241161
1979-1985	1980-1986	1200	0.6705901
1980-1986	1981-1987	1200	0.6508436
1981-1987	1982-1988	1200	0.6026558
1982-1988	1983-1989	1200	0.5925778
1983-1989	1984-1990	1200	0.5988441
1984-1990	1985-1991	1200	0.6302446
1985-1991	1986-1992	1200	0.6035084
1986-1992	1987-1993	1200	0.5340913
1987-1993	1988-1994	1200	0.5583143
1988-1994	1989-1995	1200	0.4820943
1989-1995	1990-1996	1200	0.4737507

表B-4　十年期

每股盈餘	股價	公司數量	相關係數
1978-1987	1979-1988	1200	0.6886247
1979-1988	1980-1989	1200	0.6954808
1980-1989	1981-1990	1200	0.6695781
1981-1990	1982-1991	1200	0.6743078
1982-1991	1983-1992	1200	0.6803716
1983-1992	1984-1993	1200	0.6229406
1984-1993	1985-1994	1200	0.5950414
1985-1994	1986-1995	1200	0.5938911
1986-1995	1987-1996	1200	0.5982626

表B-5　十八年期

每股盈餘	股價	公司數量	相關係數
1978-1995	1979-1996	1200	0.6889752

國家圖書館出版品預行編目資料

巴菲特核心投資法／羅伯特・海格斯壯（Robert.G. Hagstrom）著.陳人麒譯.
--初版.--臺北市：商周出版：城邦文化發行, 2006 [民95]
面； 公分. --（新商業周刊叢書：223）
譯自：The Warren Buffett Portfolio:Mastering The Power of The Focus Investment Strategy
ISBN 978-986-124-740-3

1.投資

563.5 95016888

新商業周刊叢書 223

巴菲特核心投資法

The Warren Buffett Portfolio

作　　者／羅伯特・海格斯壯（Robert.G. Hagstrom）
譯　　者／陳人麒
總 編 輯／陳絜吾
責任編輯／羅惠馨

發 行 人／何飛鵬
法律顧問／台英國際商務法律事務所 羅明通律師
出　　版／城邦文化事業股份有限公司　商周出版
台北市104民生東路二段141號9樓
電話：(02)2500-7008 傳眞：(02)2500-7759
E-mail：bwp.service@cite.com.tw
發　　行／英屬蓋曼群島商家庭傳媒股份有限公司城邦分公司
台北市104民生東路二段141號2樓
讀者服務專線:(02) 0800-020-299　24小時傳眞服務：02-2517-0999
讀者服務信箱E-mail：cs@cite.com.tw
劃撥帳號：19833503 戶名：英屬蓋曼群島商家庭傳媒股份有限公司城邦分公司
城邦讀書花園網址：www.cite.com.tw
城邦讀者服務信箱E-mail：service@cite.com.tw
香港發行所／城邦（香港）出版集團有限公司
香港灣仔軒尼詩道235號 3樓
E-mail：citehk@hknet.com
電話：(852) 250862312308-6217傳眞：(852) 2578 9337
馬新發行所／城邦(馬新)出版集團
Cite(M)Sdn.Bhd.(458372U)
11,Jalan 30D/146, Desa Tasik, Sungai Besi,
57000 Kuala Lumpur, Malaysia.
電話：603-90563833 傳眞：603-90562833
E-mail:citekl@cite.com.tw

封面設計／梅健呈
排　　版／梅健呈
印　　刷／韋懋印刷事業股份有限公司
總 經 銷／農學社 電話：(02)29178022　傳眞：(02)29516275

2006年10月初版　Printed in Taiwan　ISBN(10)986-124-740-8
2011年 5 月27日一版 11刷　ISBN(13)978-986-124-740-3
定價 260元

商周出版

廣 告 回 函
北區郵政管理登記證
北臺字第000791號
郵資已付，免貼郵票

104 台北市民生東路二段141號2樓

英屬蓋曼群島商家庭傳媒股份有限公司城邦分公司 收

請沿虛線對摺，謝謝！

商周出版

書號：BW0223 書名：巴菲特核心投資法

請於此處用膠水黏貼

商周出版

讀者回函卡

謝謝您購買我們出版的書籍！請費心填寫此回函卡，我們將不定期寄上城邦集團最新的出版訊息。

姓名：________________

性別：□男　□女

生日：西元________年________月________日

地址：________________

聯絡電話：________________　傳真：________________

E-mail：________________

職業：□1.學生 □2.軍公教 □3.服務 □4.金融 □5.製造 □6.資訊
□7.傳播 □8.自由業 □9.農漁牧 □10.家管 □11.退休
□12.其他________________

您從何種方式得知本書消息?

□1.書店□2.網路□3.報紙□4.雜誌□5.廣播 □6.電視 □7.親友推薦
□8.其他________________

您通常以何種方式購書?

□1.書店□2.網路□3.傳真訂購□4.郵局劃撥 □5.其他________

您喜歡閱讀哪些類別的書籍?

□1.財經商業□2.自然科學 □3.歷史□4.法律□5.文學□6.休閒旅遊
□7.小說□8.人物傳記□9.生活、勵志□10.其他________

對我們的建議：________________

____

____

____

請於此處用膠水黏貼